はじめてでも かわいく作れる

かぎ針編みのバッグと小物

西東社

CONTENTS

PART-1 編み始める前に

糸端の取り出し方／この本で使用した糸……4
針／かぎ針編みの用語／記号図の見方……5

PART-2 バッグの編み方レッスン

サークルバッグ……6・7

くさり編みの作り目……10
糸端を輪にする作り目（1回巻き）……12
糸を始末する……17
しまの編み方……19

PART-3 バッグと小物

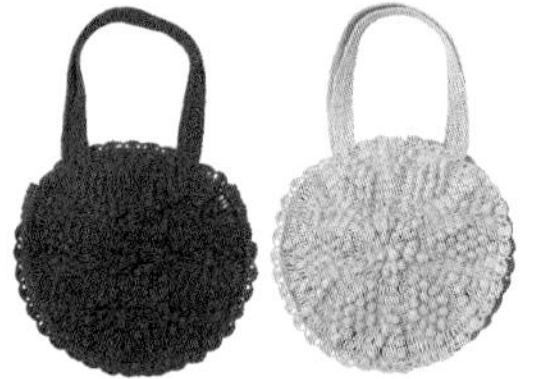

花のサークルバッグ……20・21

モチーフバッグ……22・23

大人と子どもの帽子……24・25

マルシェバッグ……26

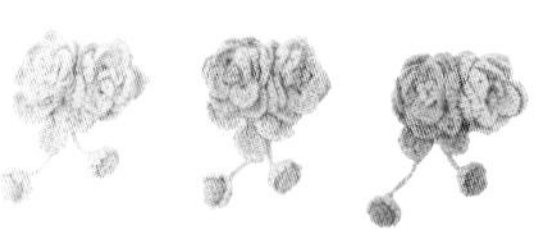

ブローチ……27

パイナップル模様のバッグ……28・29

巾着……30・31

ピアス……32

リボンつきショルダーバッグ……33

ハンドバッグ……34・35

黒い帽子……36

リボンのハンドバッグ……37

ミニサークルバッグ……38・39

ショルダーバッグ……40

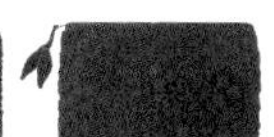
花のポーチ……41

ネットバッグ……42・43

ミニショルダーバッグ……44

クラッチバッグ……45

サコッシュ……46

キャスケット……47

ストライプのバッグ……48

バネ口金のポーチ……49

スクエアバッグ……50

がま口ポーチ……51
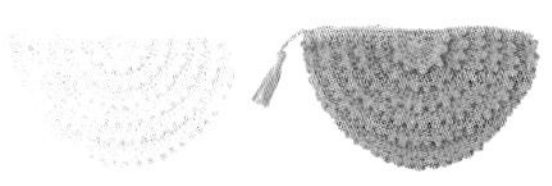
半円ポーチ……52

ブレスレット……53

かぎ針編みの基礎知識……108

PART-1

編み始める前に

作品を編む前に、糸や針、用語、記号図の見方を知っておきましょう。

《 糸端の取り出し方 》

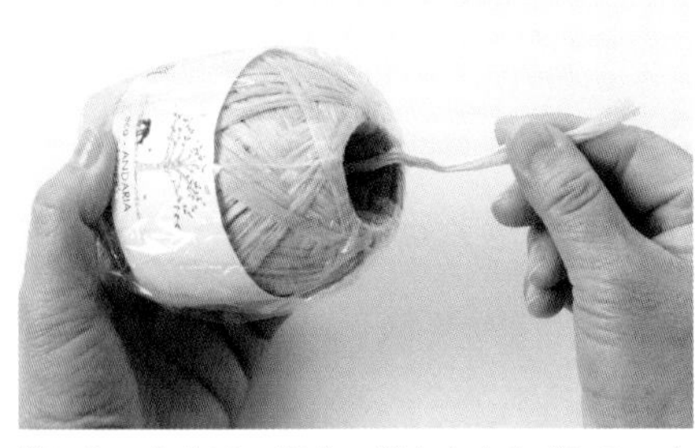

袋に入った糸玉の場合、袋から出さずにそのまま使います。袋やラベルをはずすと糸がどんどんほどけてしまうので気をつけましょう。

Wash Cotton

紙の芯が入っている糸玉の場合、芯を取り出して糸端を見つけます。もし芯の取り出し方が明記されていたら、それに従ってはずしましょう。

Q&A

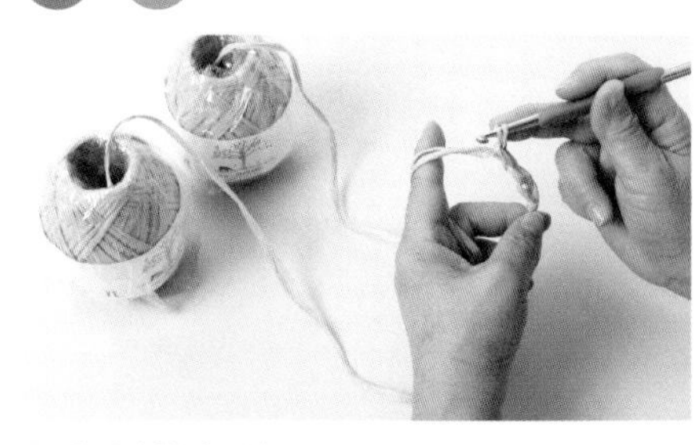

2本どりとは…

編み方で「糸は1本どりで編みます」、「糸は2本どりで編みます」という言葉が出てきます。これは「糸は1本で編みます」、「糸は2本を一緒に持って編みます」という意味で、写真は2本どりの状態。2つの糸玉からそれぞれ糸端を出し、2本を一緒に持って編みます（「3本どり」の場合も2本どりの要領で糸3本を一緒に持って編む）。

《 この本で使用した糸 》 すべてハマナカの糸を使用しています。

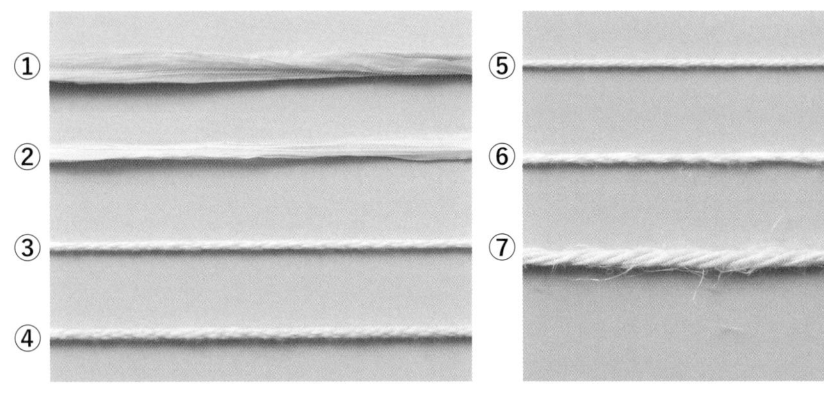

①
②
③
④
⑤
⑥
⑦

①、②は木材パルプを原料とした再生繊維でレーヨン100％。③～⑤は綿＋ポリエステルで洗濯機で丸洗いできるタイプ。⑥はリネン＋綿、⑦は太めのジュート(黄麻)糸です。

① **エコアンダリヤ**
② **エコアンダリヤ《クロッシェ》**
③ **ウオッシュコットン**
④ **ウオッシュコットン《グラデーション》**
⑤ **ウオッシュコットン《クロッシェ》**
⑥ **フラックスK**
⑦ **コマコマ**

［エコアンダリヤの糸について］ 編むときの注意が2つあります。

糸端を輪にする作り目

一般的には糸端で二重の輪(p.111の「糸端を輪にする作り目(2回巻き)」参照)を作って編みますが、エコアンダリヤの糸の場合、糸端を引いて輪を縮めるときに切れてしまうことがあるので1回巻き(p.12参照)で編みます。

ほどいた糸の扱い方

編み間違えてほどいた糸は、クセがついていてそのまま編んでも編み目がきれいにそろいません。2～3cm離してスチームアイロンを当てるとみるみるうちに糸が伸び、元どおりになります。数目だけほどいたときは、指でしごいて伸ばしましょう。

《 針 》

かぎ針は2/0号から10/0号まであり、数字が大きくなるほど太くなります。両側に異なる号数の「かぎ」がついている両かぎ針、にぎりやすいようにグリップがついたものなど、さまざまなタイプがあります。

Q&A 糸と針以外に用意したらいいものって？

とじ針、はさみ、メジャー（または定規）、まち針、アイロン、アイロン台などが必要で、とじ針やまち針は編みもの専用のものを用意します。どちらも先端が丸くなっていて、糸を割らずにすくいやすいのが特徴です。

Q&A ゲージとは

一般的には「たて10cm、横10cmの中に編み目が何目、何段入っているか」を示したものです。10cm以内のものは最大寸法を表示したり、円形に編んだものは横のゲージが測りにくいので段の方だけにしたり、模様単位で表示することがあります。記号図どおりに編んでも異なるゲージで編むと大きさや糸量がかわります。

《 かぎ針編みの用語 》

編みものを始めると聞きなれない言葉につまづくことがあります。p.10からの写真解説にも使っているので、ここで覚えましょう。

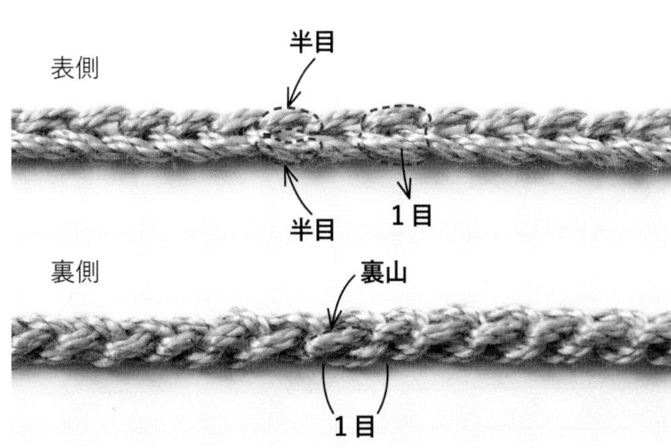

表側
半目
半目
1目
裏側
裏山
1目

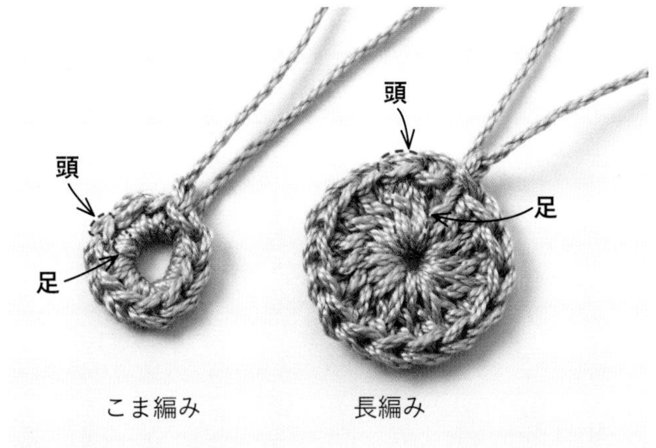

頭
頭
足
足
こま編み
長編み

くさり編みの「半目」と「裏山」

半目＝くさり編みを表側から見て、くさり編み1目の片側の糸1本のことを半目といいます。上の1本でも下の1本でも、どちらも半目です。

裏山＝くさり編みを裏側から見て、くさり編み1目の中央の糸1本のことを裏山といいます。

「頭」と「足」

頭＝編み目の上にある2本の糸のこと。こま編みで編んでも長編みで編んでもどちらも編み目の上は同じで、くさり編みのように見えます。

足＝頭の下側のこと。柱とも呼ばれます。

《 記号図の見方 》

記号図は編み地を表側から見たものを記号で表していて、編むときは右から左方向に進んでいきます。

●往復に編む

編み地の表側を見て編む段と、編み地の裏側を見て編む段があります。裏側で編むときは記号図の左から右方向に進みます。

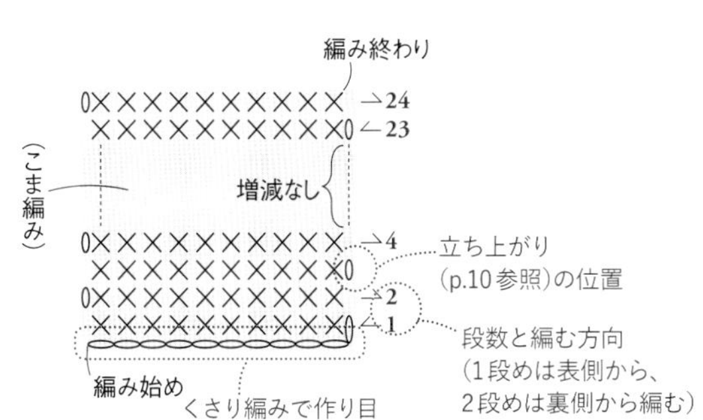

編み終わり
24
23
増減なし
（こま編み）
4
立ち上がり（p.10参照）の位置
2
1
段数と編む方向（1段めは表側から、2段めは裏側から編む）
編み始め
くさり編みで作り目

記号図で使った編み目記号

○＝くさり編み
×＝こま編み
●＝引き抜き編み
（こま編み2目一度記号）＝こま編み2目一度
（糸を切る記号）＝糸を切る

●円（または輪）に編む

基本的には表側を見て編むため、編み方向の矢印は入りませんが、作品によって1段ずつ編み地の向きをかえて輪に編むことがあり、そのときは矢印が入ります。

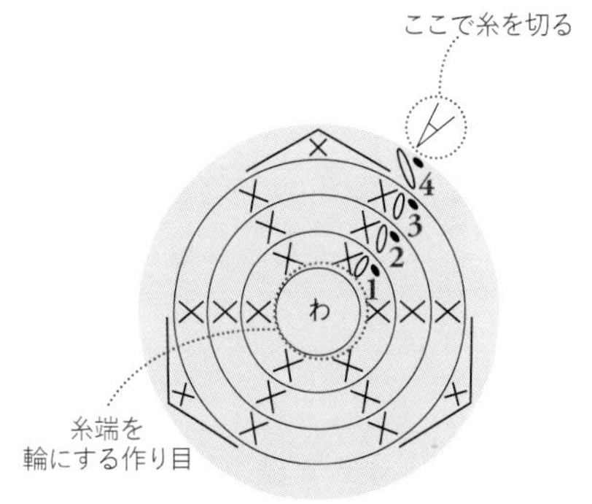

ここで糸を切る
4
3
2
1
わ
糸端を輪にする作り目

PART-2

バッグの編み方レッスン

基本の編み方を覚えましょう。
他の作品を作るときの参考にもしてください。

A

サークルバッグ

くさり編み、こま編み、長編み、引き抜き編みの
4つの編み目記号で編むシンプルなバッグです。
くさり編みの作り目、糸端を輪にする作り目など、
このバッグで2種類の作り目をマスターしましょう。

デザイン⇒柴田 淳
糸⇒ハマナカ エコアンダリヤ
編み方⇒p.8

B

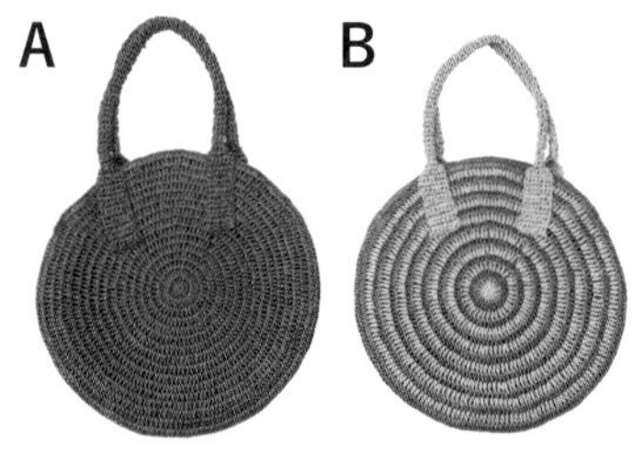
A
B

サークルバッグ A、B の編み方

Aはくさり編みの作り目や糸端を輪にする作り目(1回巻き)、
こま編み、長編みの編み方や糸の始末、アイロンのかけ方、持ち手のつけ方を、
Bはしまの編み方を紹介しています。
一般的には「側面→まち→縁編み→持ち手」の順に編みますが、
できるだけ糸を切らずに編むため、「まち→側面→縁編み→持ち手」の順に編みます。

［でき上がりサイズ］
直径35cm　まち幅6.5cm

［材料と用具］
糸　ハマナカ エコアンダリヤ
　A こげ茶(159)270g
　B ベージュ(169)145g　茶色(59)125g
針　ハマナカアミアミ両かぎ針ラクラク6/0号
［ゲージ］長編み　2段＝2.3cm
　こま編み　10目＝6.5cm、16.5段＝10cm

［編み方］糸は1本どり。
Aはp.10 ～ 18、Bはp.19とAを参照して編みます。
1 まちはくさり編みで作り目し、Aはこま編み、Bはこま編みのしまを編みます。
2 側面は糸端を輪にする作り目(1回巻き)でAは長編み、Bは長編みのしまを図のように編みます。
3 側面のまわりの縁編みは、1段めの指定の位置でまちを外表に重ねて編みます。
4 側面をもう1枚編み、3と同様に縁編みを編みます。
5 持ち手はくさり編みで作り目してこま編みを編み(2本編む)、仕上げ方のように側面につけます。

寸法図

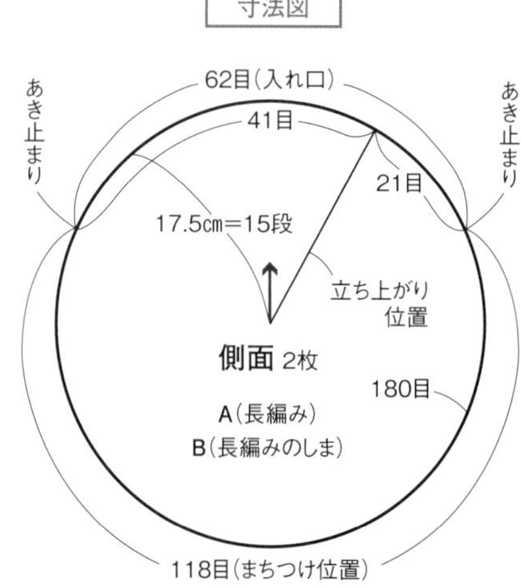
62目(入れ口)
41目
あき止まり
あき止まり
21目
17.5cm＝15段
立ち上がり位置
側面 2枚
A(長編み)
B(長編みのしま)
180目
118目(まちつけ位置)

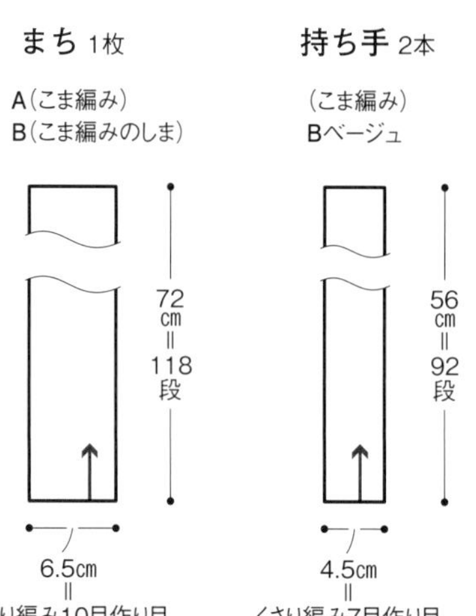
まち 1枚
A(こま編み)
B(こま編みのしま)
72cm＝118段
6.5cm＝くさり編み10目作り目
持ち手 2本
(こま編み)
Bベージュ
56cm＝92段
4.5cm＝くさり編み7目作り目

仕上げ方

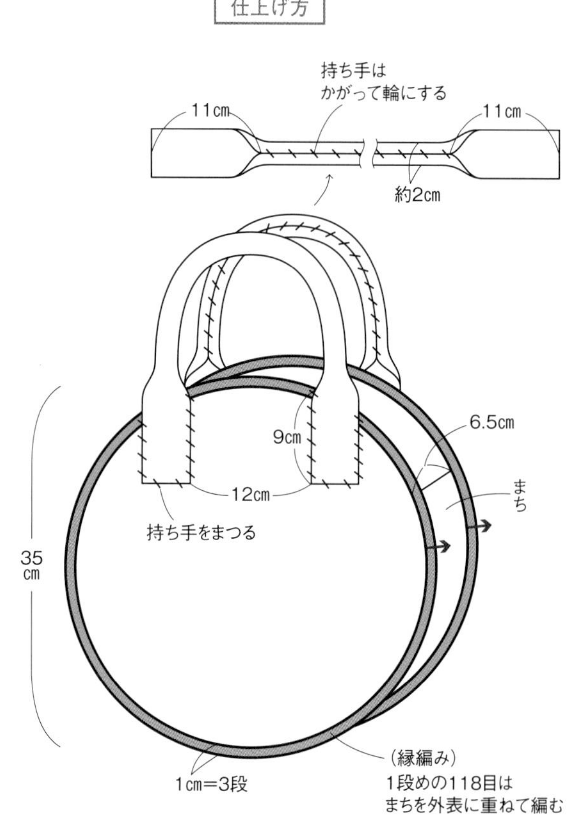
持ち手はかがって輪にする
11cm
11cm
約2cm
9cm
12cm
6.5cm
まち
持ち手をまつる
35cm
1cm＝3段
(縁編み)
1段めの118目はまちを外表に重ねて編む

編み方記号図

※配色はB。Aは1色で編む

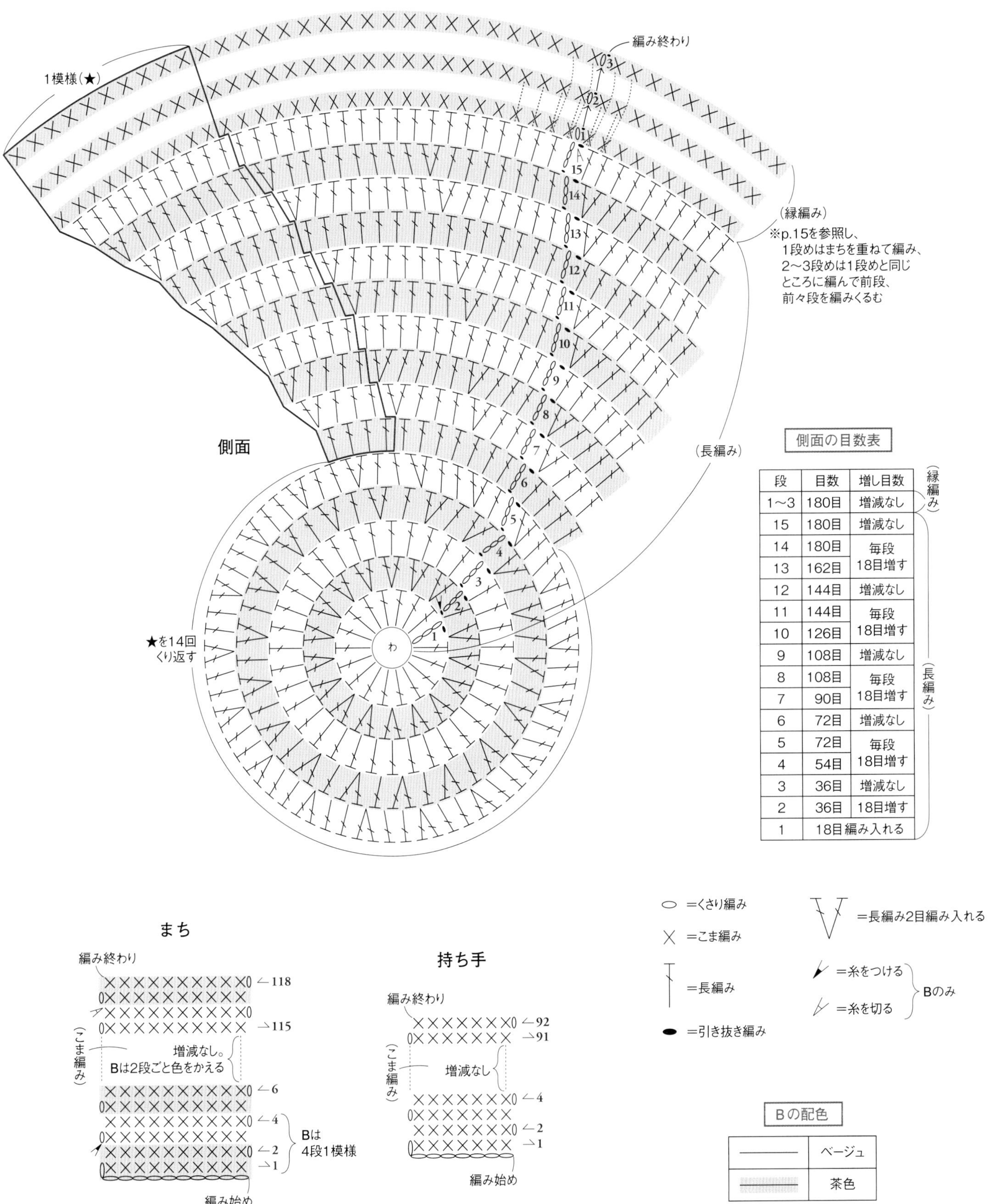

1模様(★)
編み終わり
(縁編み)
※p.15を参照し、
1段めはまちを重ねて編み、
2〜3段めは1段めと同じ
ところに編んで前段、
前々段を編みくるむ
側面
(長編み)
わ
★を14回
くり返す
側面の目数表
まち
編み終わり
(こま編み)
増減なし。
Bは2段ごと色をかえる
Bは
4段1模様
編み始め
持ち手
編み終わり
(こま編み)
増減なし
編み始め
=くさり編み
=こま編み
=長編み
=引き抜き編み
=長編み2目編み入れる
=糸をつける
=糸を切る
Bのみ
Bの配色

側面の目数表

段	目数	増し目数	
1〜3	180目	増減なし	(縁編み)
15	180目	増減なし	(長編み)
14	180目	毎段18目増す	
13	162目		
12	144目	増減なし	
11	144目	毎段18目増す	
10	126目		
9	108目	増減なし	
8	108目	毎段18目増す	
7	90目		
6	72目	増減なし	
5	72目	毎段18目増す	
4	54目		
3	36目	増減なし	
2	36目	18目増す	
1	18目編み入れる		

Bの配色

(線)	ベージュ
(網掛け)	茶色

サークルバッグAを編む

【1】まちを編む

●作り目、1段め　くさり編みの作り目

××××××××××→1
編み始め

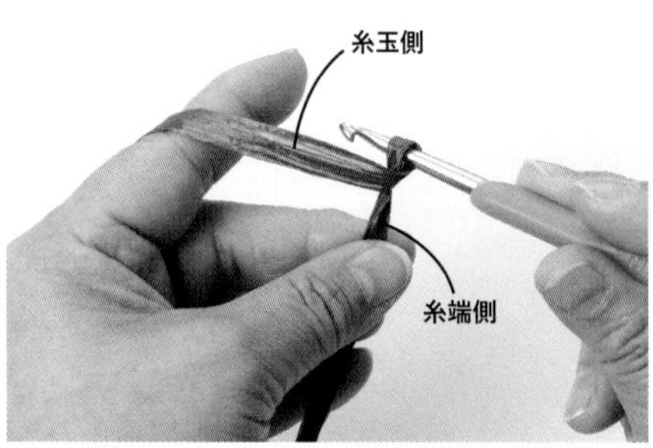
糸玉側
糸端側

1　左手に糸をかけ、糸端側を親指と中指で押さえ、針を回して糸をかける(p.108参照)。

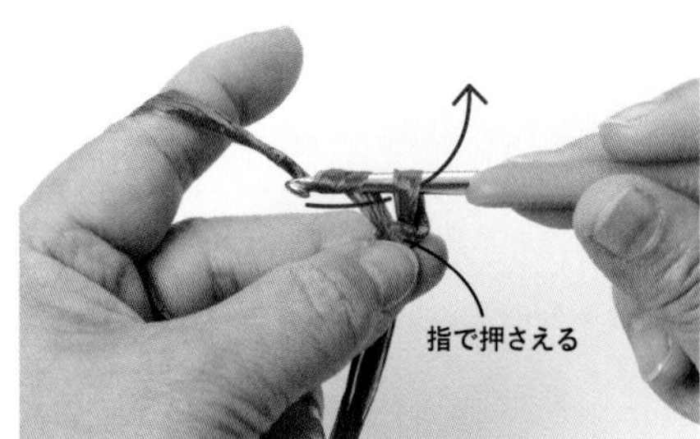
指で押さえる

2　針に糸をかけ、矢印のように引き出す。

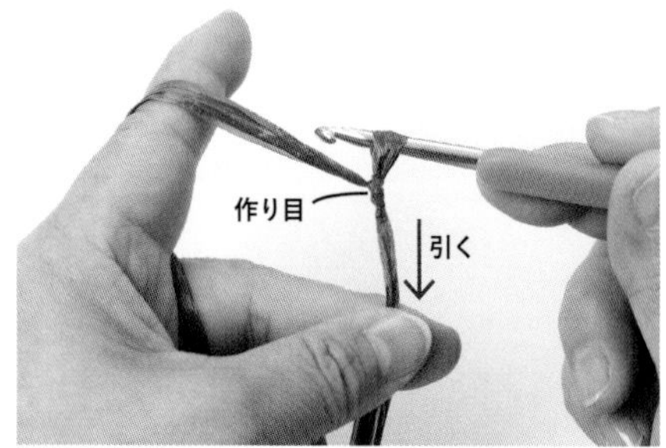
作り目
引く

3　糸端側を引きしめる。くさり編みの作り目ができた。

○ ＝くさり編み

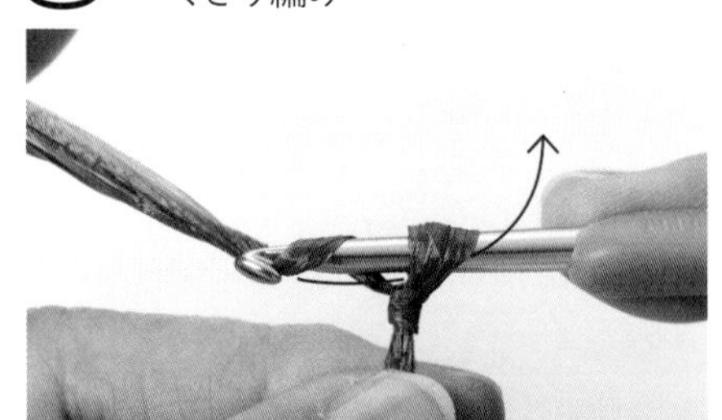

4　針に糸をかけ、矢印のように引き出す。

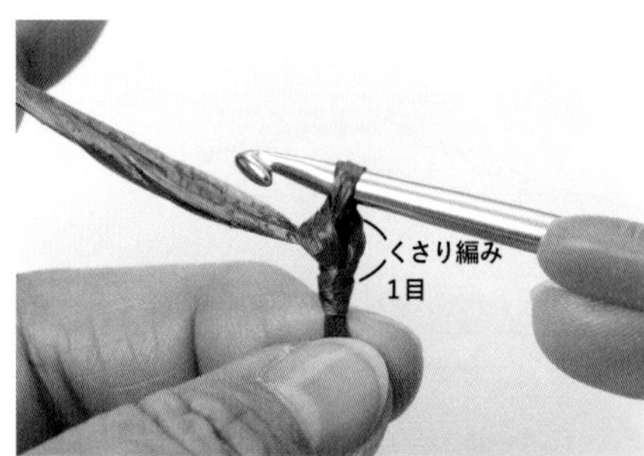
くさり編み
1目

5　くさり編みが1目編めた。

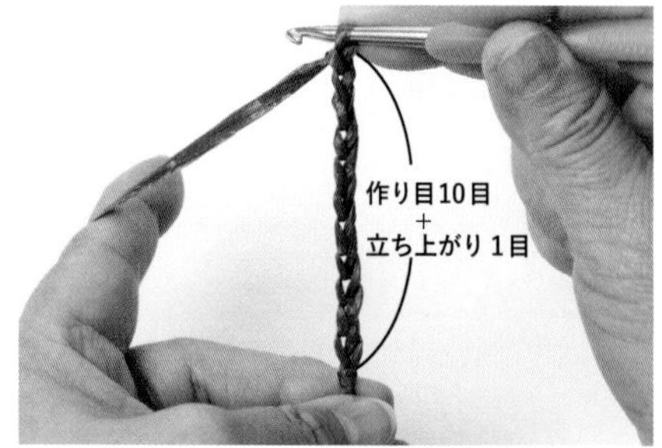
作り目10目
+
立ち上がり1目

6　4～5をくり返し、くさり編み11目(作り目10目＋1段めの立ち上がり1目)を編む。

Q&A

立ち上がりって？

毎段、編み始めに編み目の高さ分だけ編むくさり編みのことを「立ち上がり」と呼びます。くさり編みの目数は、基本的には次に編む目によって決まります。立ち上がりは編み始めの1目に数えますが、こま編みは数えません。

こま編み

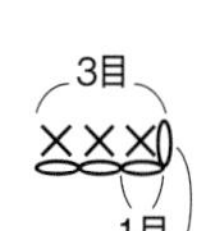
3目
1目
立ち上がりは
1目に数えない

中長編み

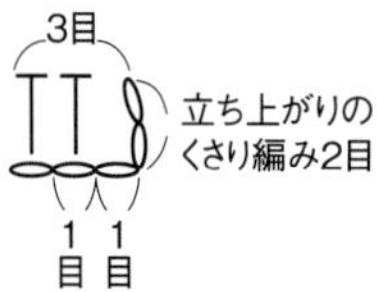
3目
立ち上がりの
くさり編み2目
1目 1目

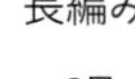
長編み

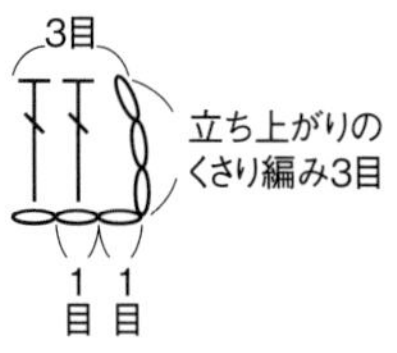
3目
立ち上がりの
くさり編み3目
1目 1目

X ＝こま編み

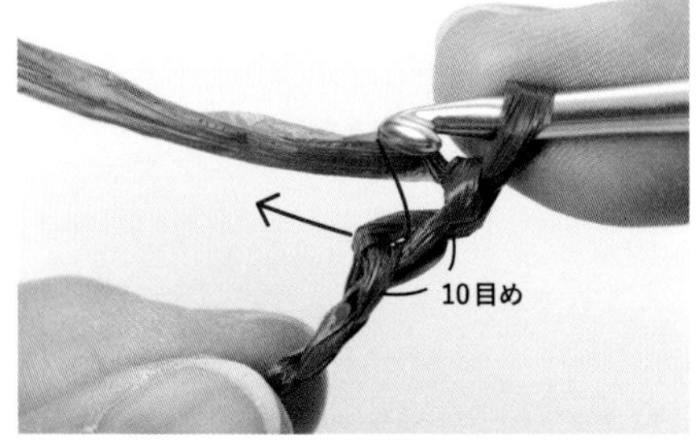
10目め

7　作り目の10目めの裏山に針を入れる。

8　針に糸をかけ、矢印のように引き出す。

9　針に糸をかけ、矢印のように2つのループを一度に引き抜く。

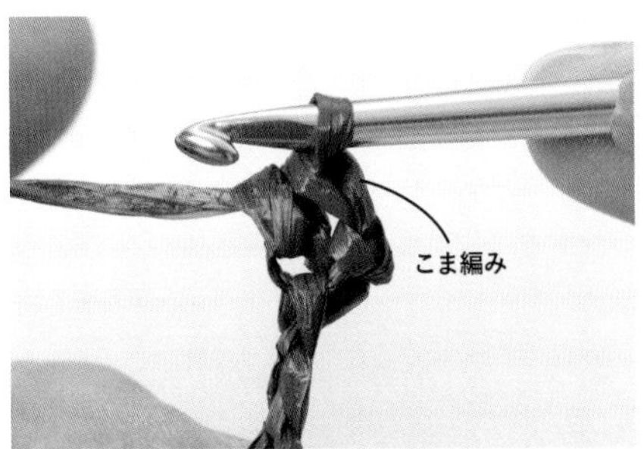
こま編み

10 こま編みが1目編めた。

裏側
10目

11 同様にこま編みを全部で10目編む。1段めが編めた(記号図は矢印が左から右方向なので、奇数段が裏側)。

POINT

作り目の裏山にこま編みを編むと表側のくさり編みがそのまま残り、端がきれいに出るので、縁編みなどで端を整える必要もなくなります。

● 2段め

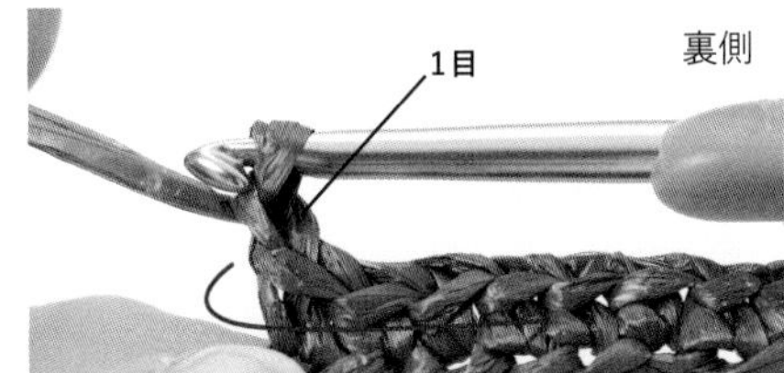
1目
裏側

12 立ち上がりのくさり編み1目を編み、矢印のように編み地の向きをかえる。

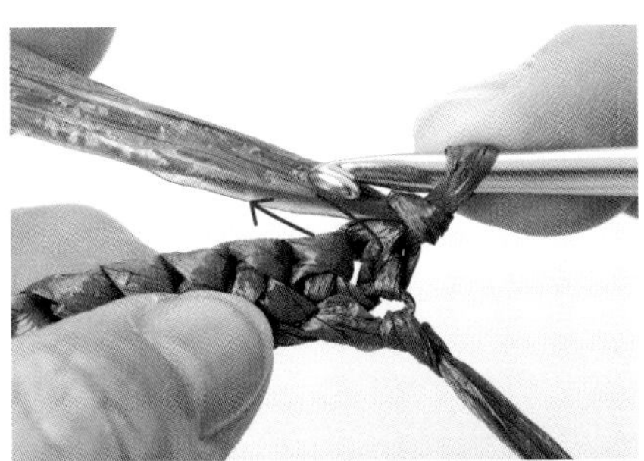

13 前段のこま編みの頭に針を入れ、こま編みを編む。

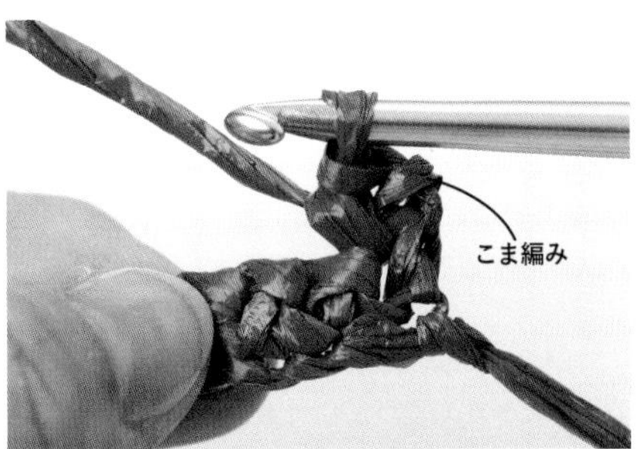
こま編み

14 こま編みが編めた。

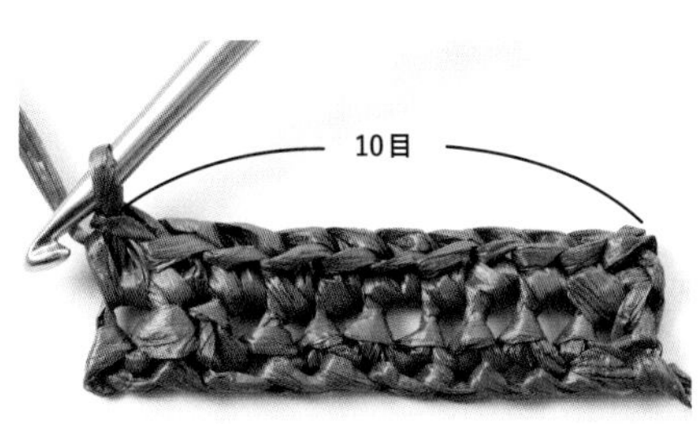
10目

15 同様に1目に1目ずつこま編みを編む。

● 3段め以降

裏側

16 2段め(12 ～ 15)と同様にこま編みを編む。

●編み終わり

17 全部で118段編んだら、もう一度針に糸をかけて引き抜く。

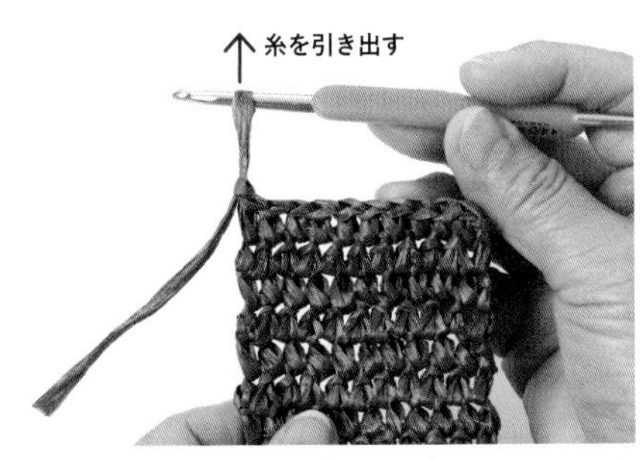
糸を引き出す

18 そのまま糸をのばし、始末分に15㎝くらい残して糸を切り、糸端を引き出す。

19 糸を引きしめる。

20 まちが編めた。

【2】側面を編む

●作り目、1段め　糸端を輪にする作り目（1回巻き）

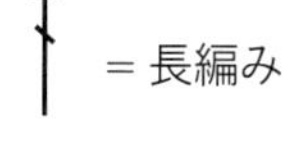

わ

= 長編み

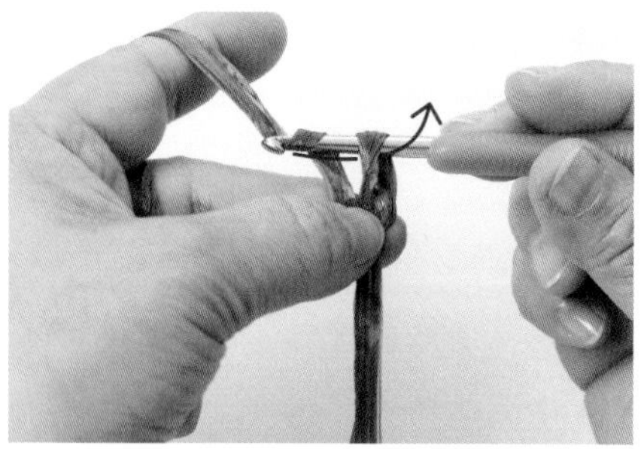

1 糸端で輪を作り、輪に針を入れて糸をかけ、矢印のように引き出す。

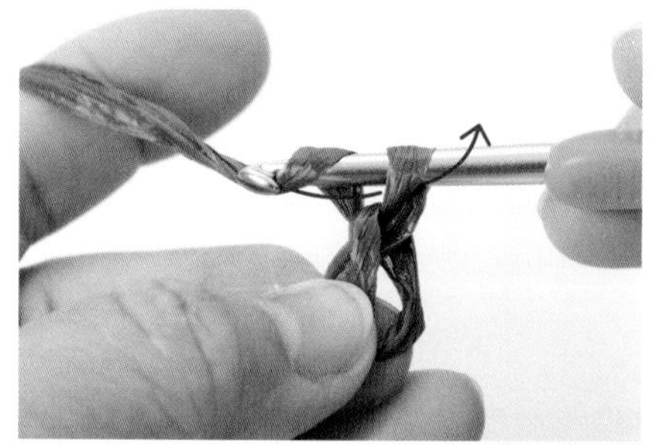

2 針に糸をかけ、立ち上がりのくさり編み3目を編む。

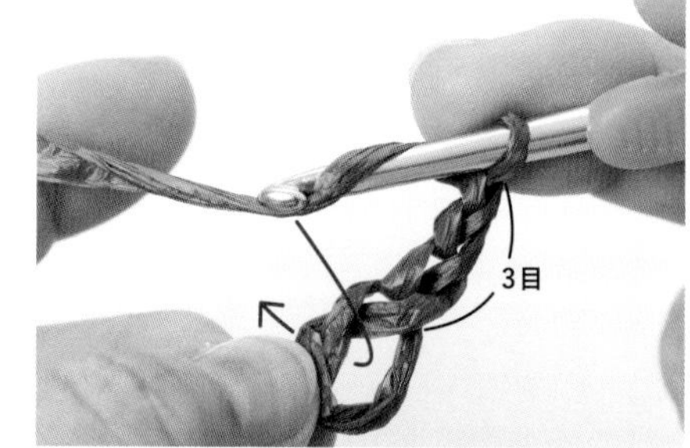

3目

3 針に糸をかけ、輪に針を入れる。

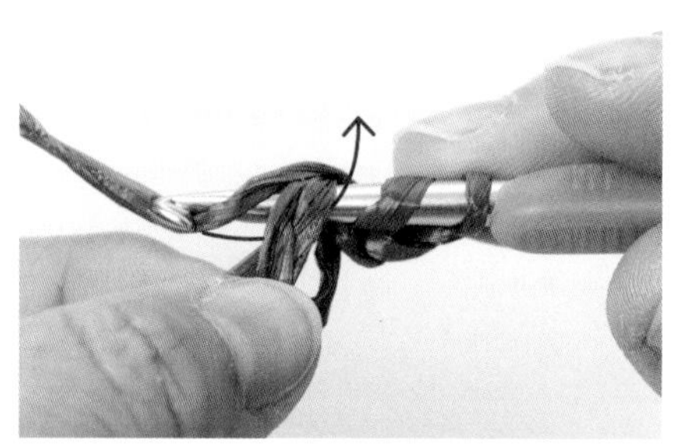

4 針に糸をかけ、矢印のように引き出す。

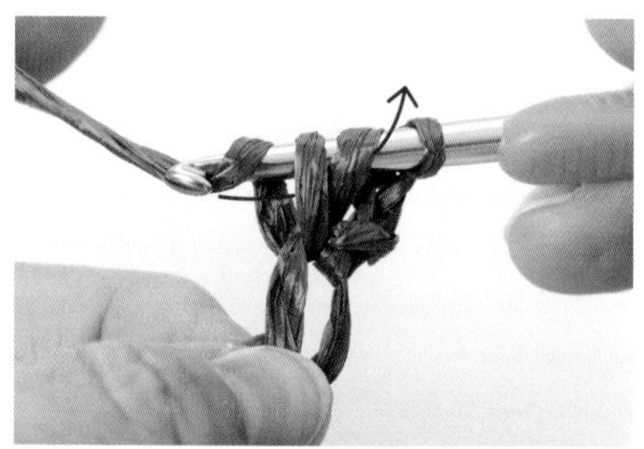

5 針に糸をかけ、矢印のように2つのループを一度に引き抜く。

6 もう一度針に糸をかけ、矢印のように2つのループを一度に引き抜く。

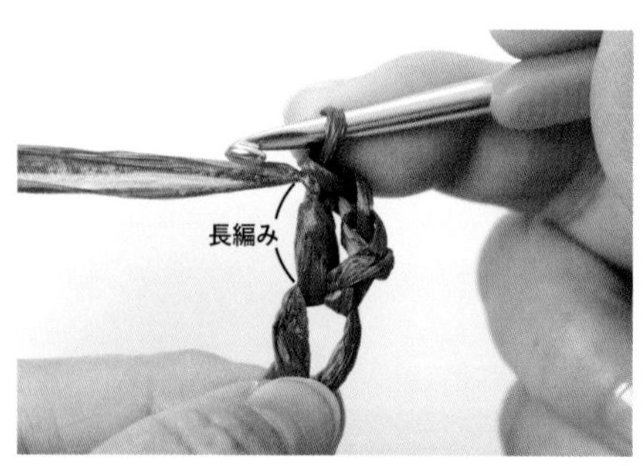

長編み

7 長編みが1目編めた。

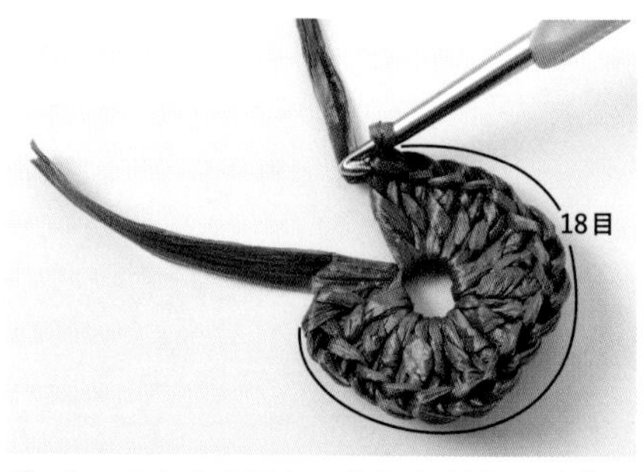

18目

8 3～6をくり返し、立ち上がりのくさり編みをふくめて全部で18目編む。

9 針を一度抜き（ほどけないように目を広げておく）、糸端を引く。中央の穴が縮まりきらないときは無理せず、p.17の「糸を始末する」のときに縮める。

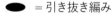

= 引き抜き編み

10 針を目に戻し、立ち上がりのくさり編み3目めの半目と裏山の2本に針を入れる。

11 針に糸をかけて引き抜く。

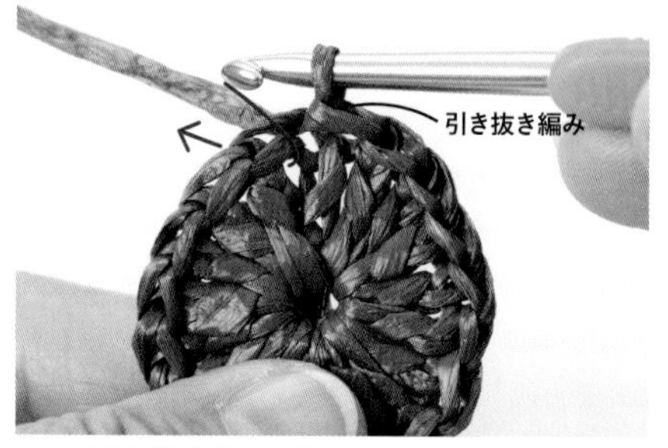

引き抜き編み

12 引き抜き編みが編めた。1段めの立ち上がりのくさり編みと次の長編みの間に針を入れる。

13 針に糸をかけて引き抜く。

引き抜き編み

14 引き抜き編みが編め、2段めの編み始めの位置に移動した。

POINT

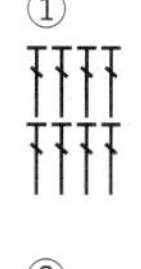

①

②

2段めからは①の記号図のように前段の頭に編むことが多いですが、この作品は②の記号図のように目と目の間に針を入れて長編みを編みます。

● 2段め

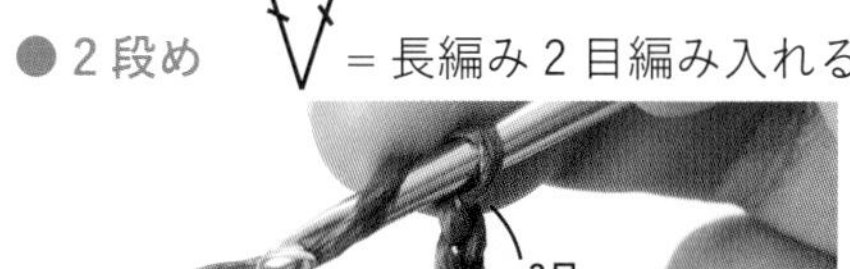

＝長編み2目編み入れる

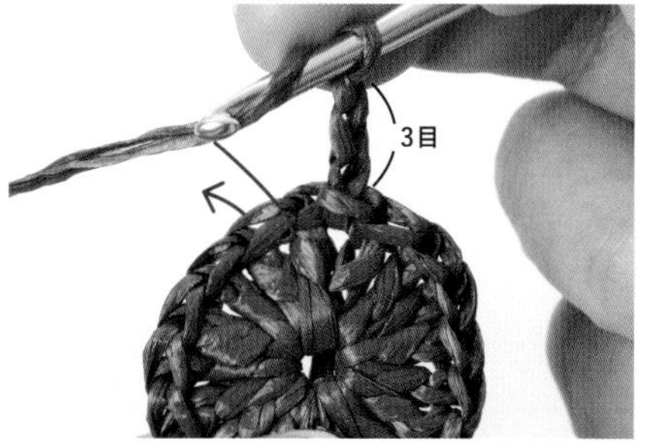
3目

15 立ち上がりのくさり編み3目を編み、針に糸をかけ、長編みと長編みの間に針を入れて長編みを2目編む。

長編み2目

16 「長編み2目編み入れる」が編め、1目増えた。

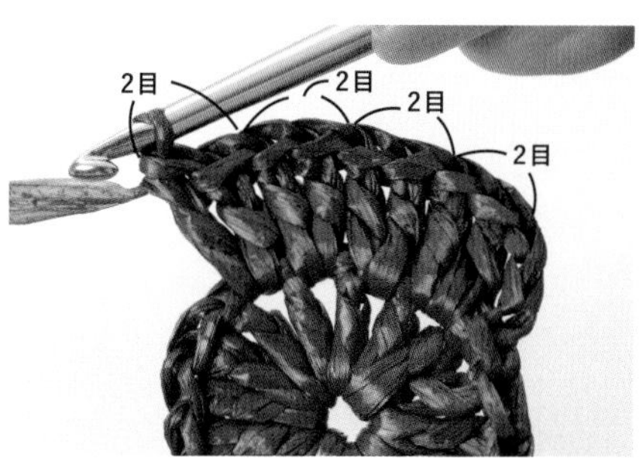
2目
2目
2目
2目

17 同様に、目と目の間に「長編み2目編み入れる」を編む。

18 最後は12と同じところに針を入れ、長編みを1目編む。

長編み

19 10～11と同様に引き抜き編みを編む。

引き抜き編み

20 12～13と同様に引き抜き編みを編む。

引き抜き編み

21 3段めの編み始めの位置に移動した。

● 3段め

3目

22 立ち上がりのくさり編み3目を編み、針に糸をかけ、長編みと長編みの間に針を入れて長編みを1目編む。

23 長編みが編めた。

24 同様に目と目の間に長編みを1目ずつ編む。

実物大編み地

実際に編んでいる編み地を実物大に重ねてみてください。人それぞれ手加減が違うので編んだ編み地が大きいようなら手がゆるいので針の号数を下げ(5/0号針)、小さいようなら手がきついので号数を上げて(7/0号針)もう一度編んでください。

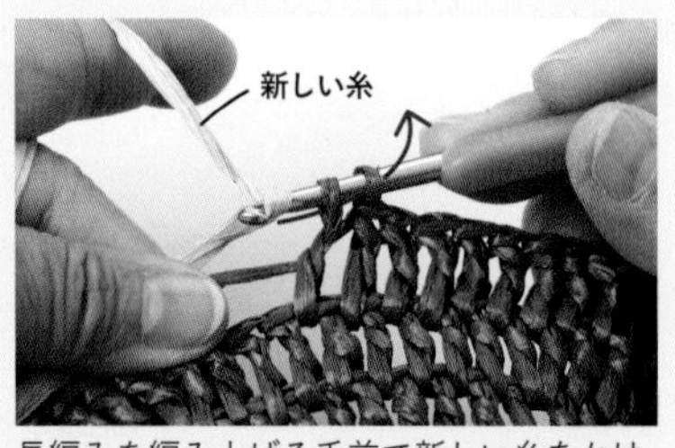

25 段の終わりは10～13と同様に引き抜き編みを2回編んで目と目の間に移動する。

糸の足し方 編んでいる途中で糸玉を使い切り、新しい糸玉で編むときの足し方です。わかりやすいように糸の色をかえています。

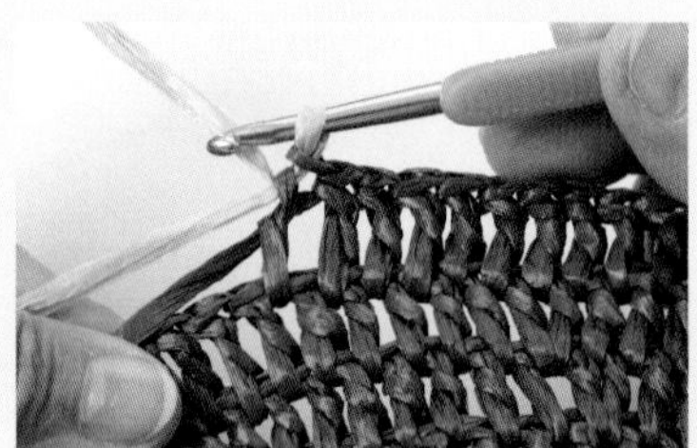
新しい糸

長編みを編み上げる手前で新しい糸をかけ、針にかかっている2つのループを一度に引き抜く。

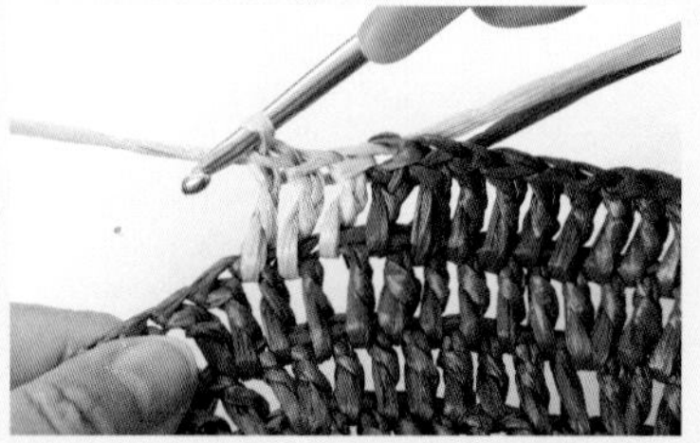

長編みが編め、新しい糸にかわった。

続きの長編みを編む。糸の始末は最後にまとめてする。

● 4～15段め

15段

26 p.9の編み方記号図を参照し、指定の位置で目を増しながら編む。

27 編み上げた編み地が少し波打つようなときは針を一度抜き、2～3cm離してスチームアイロンを当てて編み地を整える。

180目

28 側面が編めた(全部で180目。針を目に戻す)。

【3】縁編みを編む ※わかりやすいように糸の色をかえています。

●1段め

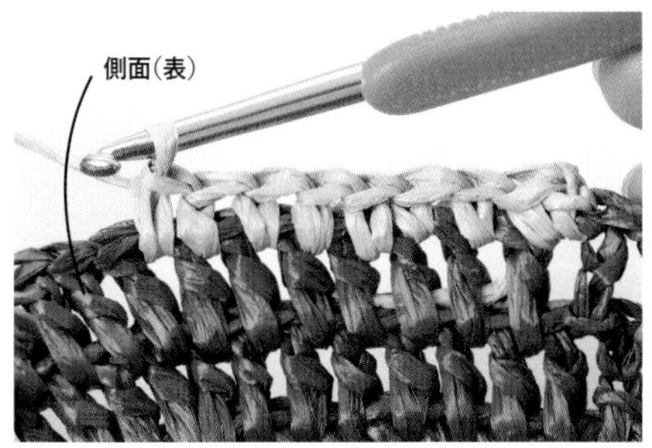
側面(表)

1 立ち上がりのくさり編み1目を編み、目と目の間に1目ずつこま編みを編む。

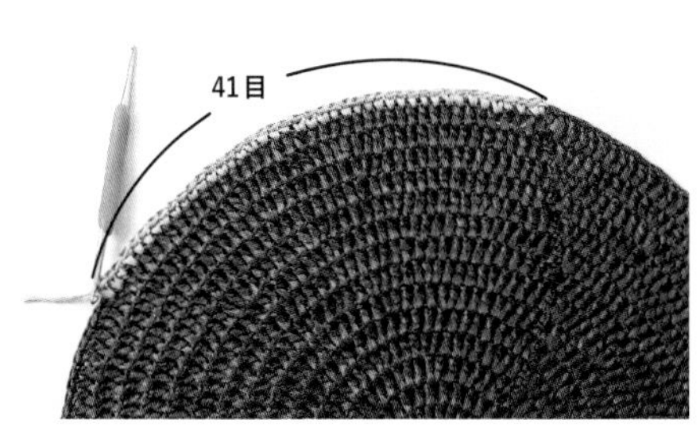
41目

2 こま編みが41目編めた。

まち作り目側

3 次からまちも一緒に編む。側面(目と目の間)とまち(1段めの端の目と2目めの間)に針を入れる。

4 針に糸をかけ、矢印のように引き出す。

5 側面とまちを一緒に持ち、針に糸をかけて引き抜く。

6 こま編みが編め、側面とまちがつながった。

7 3〜5と同様(側面は目と目の間、まちは1段ずつ端の目と2目めの間)にこま編みを編む。

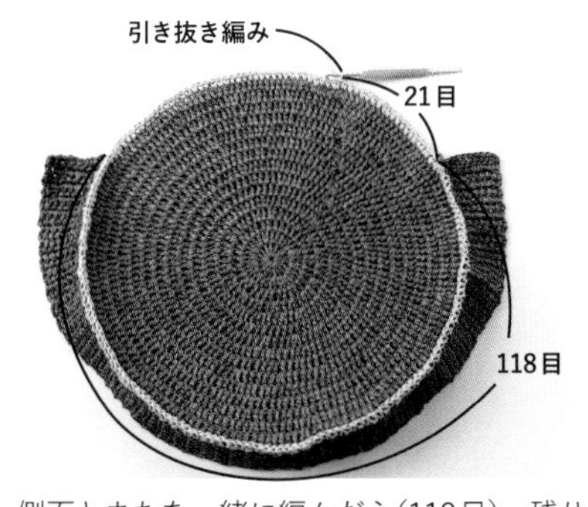
引き抜き編み
21目
118目

8 側面とまちを一緒に編んだら(118目)、残りは側面だけこま編みを編み(21目)、最初のこま編みの頭に引き抜き編みを編む。

POINT

縁編みの1段めで側面とまちをつなぎます。まちは針を入れるとき、段や位置がずれていないか確認しながら編み進めましょう。

●2段め

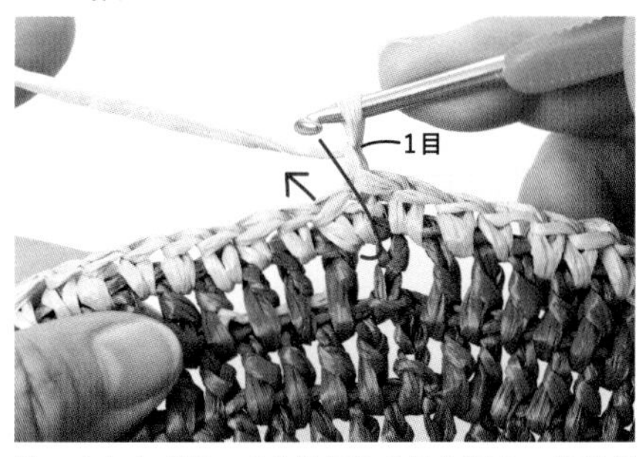
1目

9 立ち上がりのくさり編み1目を編み、前段(1段め)と同じところに針を入れる。

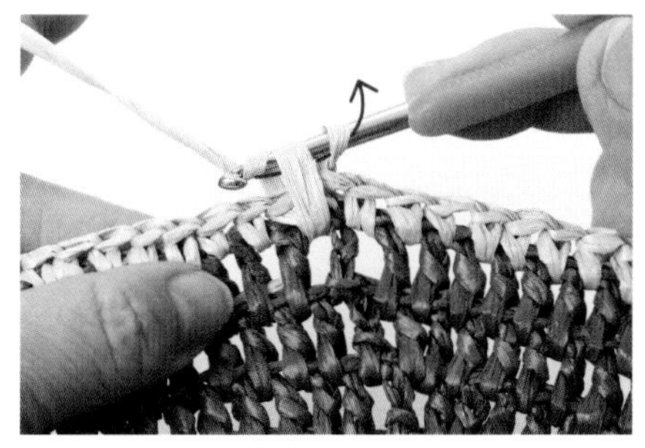

10 糸をかけて引き出し(前段がつぶれないよう長めに)、さらに針に糸をかけて引き抜く。

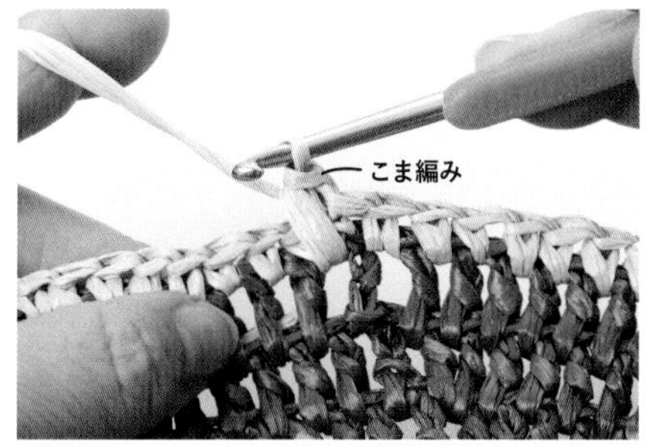
こま編み

11 こま編みが編め、前段が編みくるまれた。

12 同様に前段をくるみながらこま編みを編む。

13 1周こま編みが編めたら、最初のこま編みの頭に引き抜き編みを編む。

POINT

2段め（前段を編みくるむ）、3段め（前段と前々段を編みくるむ）のこま編みは、前に編んだ目がつぶれないように糸をしっかり引き出してから編みます。

● 3段め

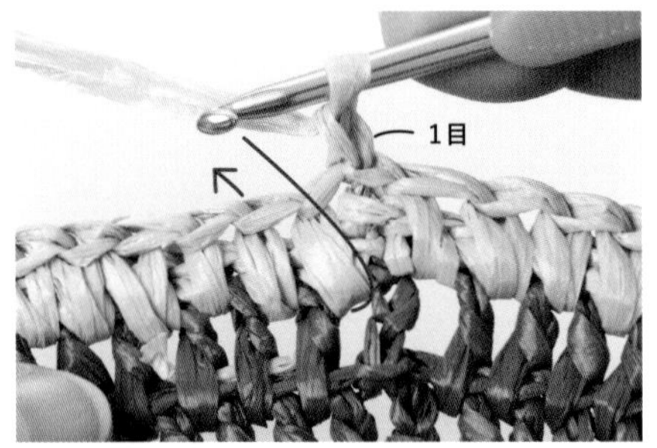
1目

14 立ち上がりのくさり編み1目を編み、前々段（1段め）と同じところに針を入れる。

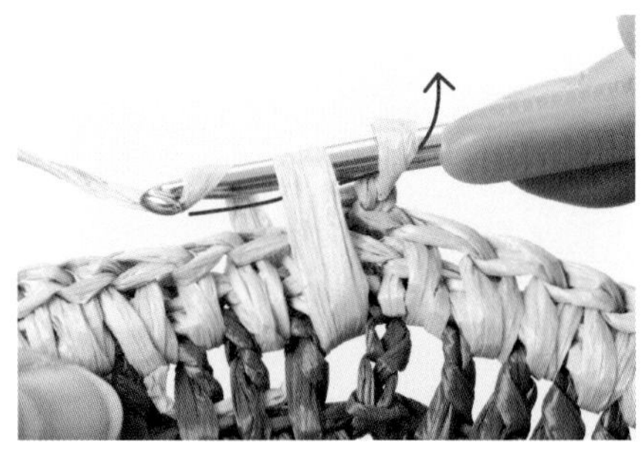

15 糸をかけて引き出し（前段、前々段がつぶれないよう長めに）、さらに針に糸をかけて引き抜く。

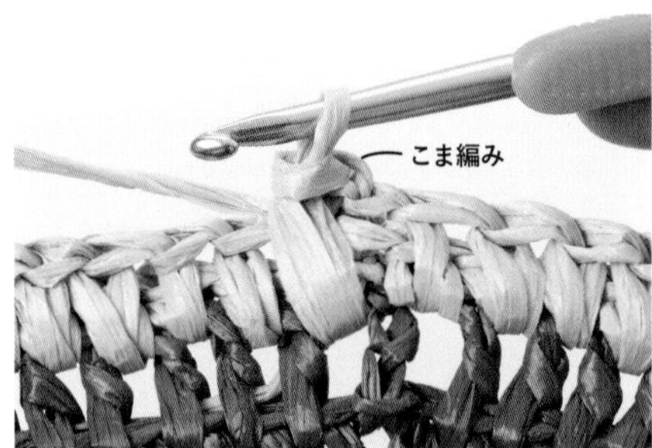
こま編み

16 こま編みが編め、前段、前々段が編みくるまれた。

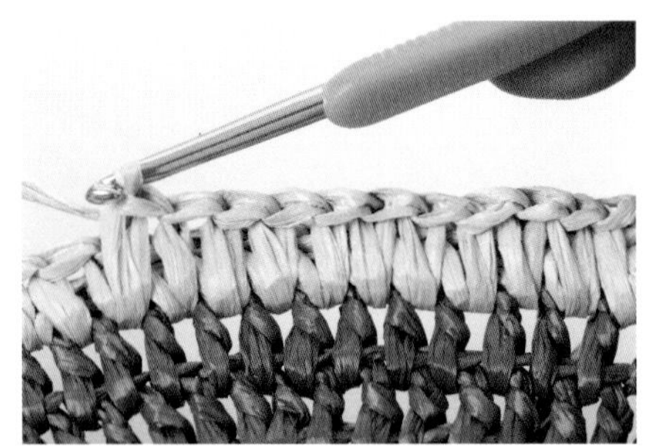

17 同様に前段、前々段をくるみながらこま編みを編む。

18 最初のこま編みの頭に引き抜き編みを編み、編み終わりはp.11の【1】-17 ～ 19と同様にする。

【4】側面をもう1枚編み、【3】と同様に縁編みを編む ※わかりやすいように糸の色をかえています。

1 側面はp.12の【2】、縁編みはp.15の【3】と同様に編む（まちは【3】の反対側に編む）。

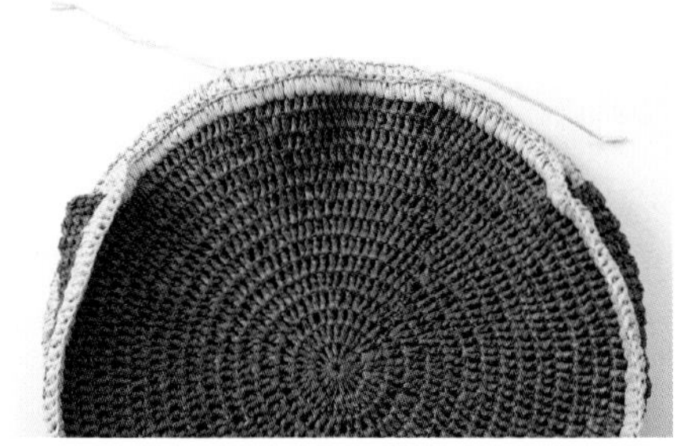

2 バッグ本体ができた。

POINT

側面の2枚めは1枚めと同じ大きさに編めているか、ときどき重ねて大きさを確認しながら編み進めましょう。

糸を始末する

3 糸端をとじ針に通し、左隣のこま編みの頭の半目に針を入れ、糸を裏側に出す。

裏側

4 編み地の裏側で3～4目すくって針を引く。

裏側

5 糸1本とばし、3～4目すくって戻り、余分は編み地のきわで切る。

1目を作るようにしてきれいに始末する方法（チェーンつなぎ）

P.16の【3】-18で引き抜き編みの代わりに始末をする方法です。

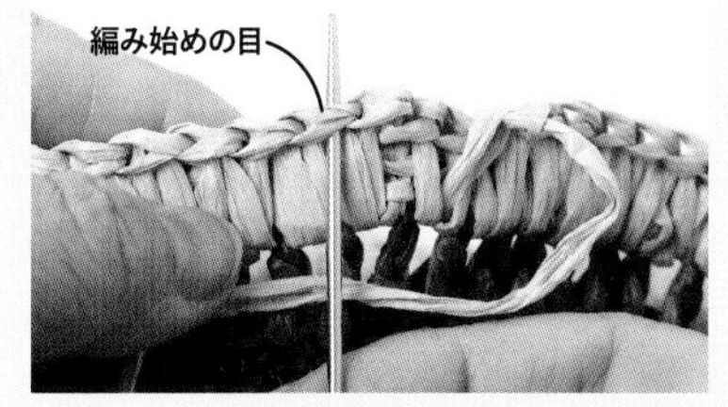
編み始めの目

縁編みのこま編みを編んだら15cmくらい残して糸を切り、針にかかった糸を引き出す。糸端をとじ針に通し、編み始めのこま編みの頭をすくう。

編み終わりの目

くさり目を1目作るように編み終わりのこま編みの目に針を入れ、糸を引く。

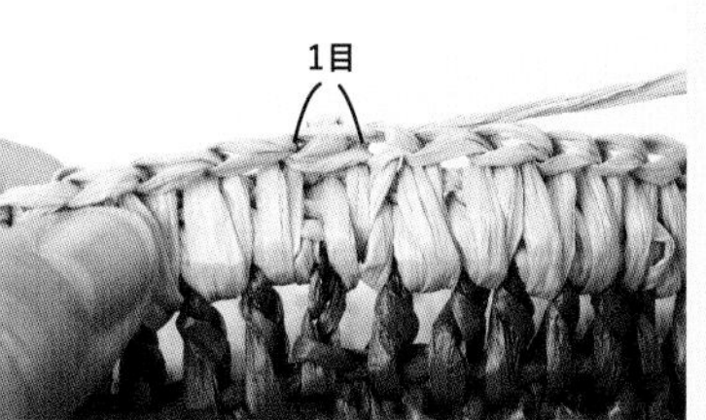
1目

編み始めと終わりの間に1目でき、きれいにつながる。

裏側

6 糸を足したところは矢印のように右の糸は左の編み目に、左の糸は右の編み目に6～7目通す(ほどけないよう長めに通す)。

裏側

7 糸を引き、5の要領で5～6目戻り、余分は切る。ほかの糸端は4～5の要領で始末する。

POINT

側面の編み始めで中央の穴が縮まりきらなかったときは、糸の始末で縮めます。編み地の裏側で1段めに糸をぐるりと1周通して引き、1本とばして逆方向に通すとほどけにくくなります。

【5】持ち手を編み、側面につける ※わかりやすいように糸の色をかえています。

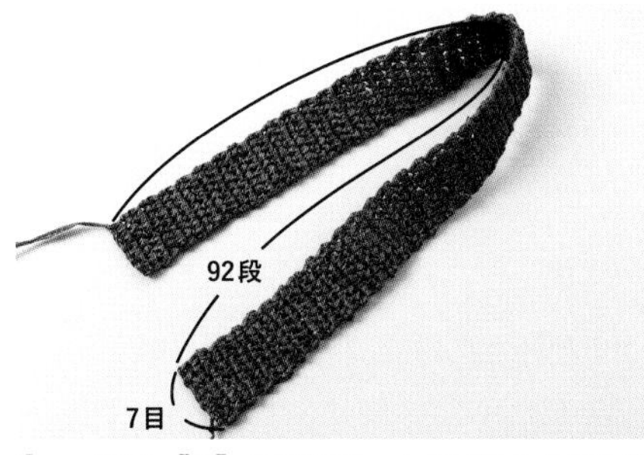
92段
7目

1 p.10の【1】の要領で、くさり編み7目を作り目してこま編みを92段編み、糸を切る。同じものを2本編む。

11cm

2 糸を長さ40cmくらいに切り、とじ針に通す。持ち手の端から11cmのところを外表に半分に折り、端の目をすくう(片方はこま編み1目、もう片方は立ち上がりのくさり編み)。

3 同じところにもう一度針を入れ、糸を引く。

4 同様に次の段をすくい、糸を引く。このとき糸端をはさみながらすると糸の始末も一緒にできる。

5 4をくり返す。糸が足りなくなったら新しい糸で同様にする。

6 反対側も11cm残し、最後は同じところに2回通して糸の始末をする。

9cm
12cm

7 p.8の仕上げ方を参照し、まち針で側面を仮止めする。

8 新しい糸をとじ針に通し、側面と持ち手の右下の角をすくう。

9 側面と持ち手の右側をすくう。

10 同様に持ち手を1段ずつすくってとじつける。

裏側

11 持ち手の上側は、編み地の裏側で縁編みの頭と持ち手の裏側の糸をすくう。

裏側

12 上側をとじたら表側に糸を出す。

13 9～10の要領で持ち手の左側と下側をとじつけ、糸の始末をする。

14 反対側にも持ち手をつける。バッグのでき上がり。

POINT

側面の縁編みや持ち手をつけたところは、p.14の【2】-27のようにアイロンを当てると仕上がりがきれいです。

サークルバッグBの編み方ポイント

【1】まちを編む（長方形に編むときのしまの編み方）

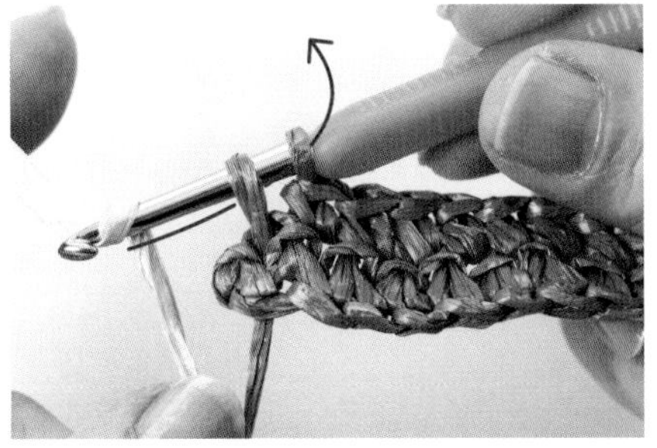

1 茶色の糸で編み始め、2段めの最後のこま編みを編むときにベージュの糸で引き抜く。

（裏）

2 ベージュの糸にかわった。茶色の糸は切らず、ベージュの糸で編む。

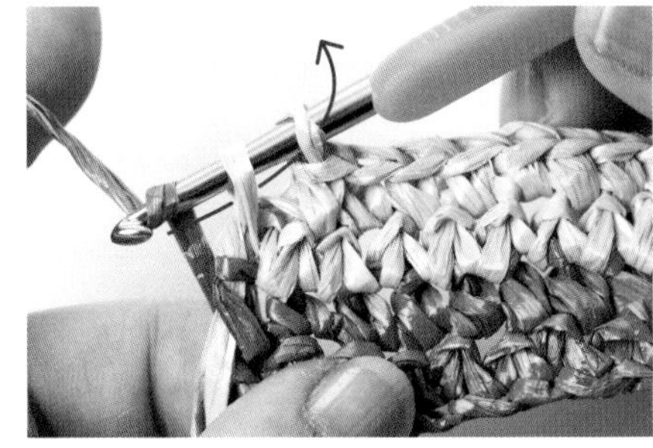

3 4段めの最後のこま編みを編むときにベージュの糸の後ろで茶色の糸を渡し、茶色の糸で引き抜く。

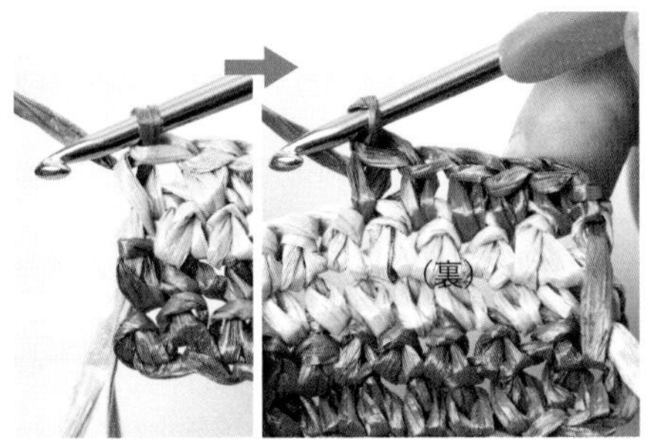
（裏）

4 茶色の糸にかわった。ベージュの糸は切らず、茶色の糸で編む。

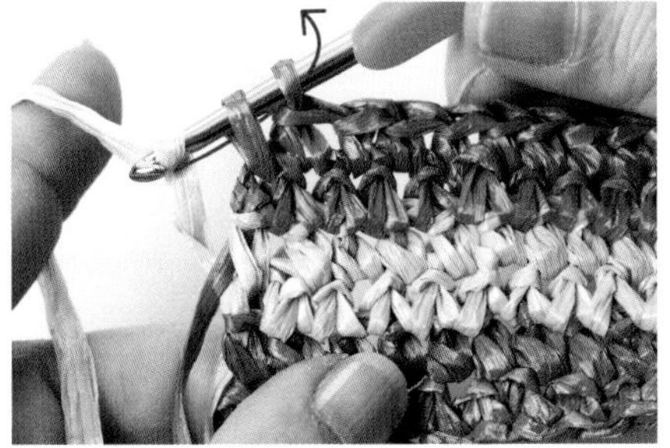

5 6段めの最後のこま編みを編むときに茶色の糸の後ろでベージュの糸を渡し、ベージュの糸で引き抜く。

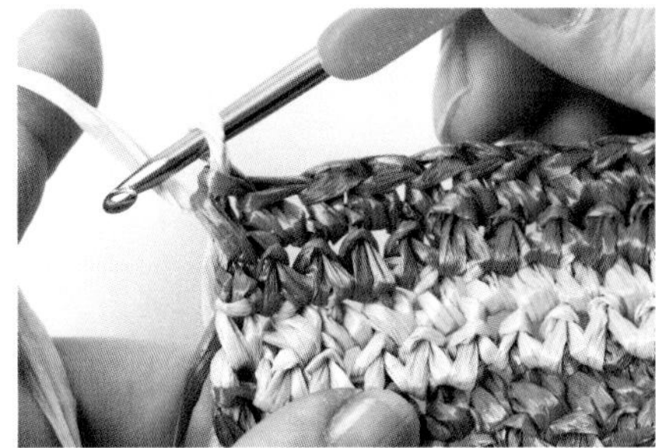

6 ベージュの糸にかわった。以降、2～5をくり返す。

【2】側面を編む（円形に編むときのしまの編み方）

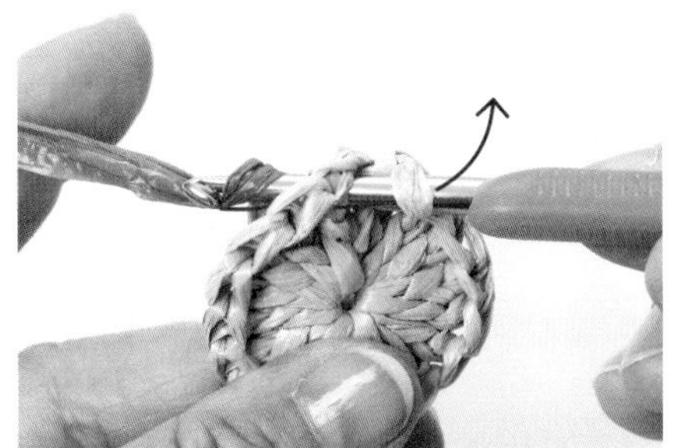

1 ベージュの糸で編み始め、p.13の【2】-13のときに茶色の糸にかえて引き抜き編みを編む。

2 茶色の糸にかわった。

3 2段めを編み、段の終わりで立ち上がりのくさり編み3目めに針を入れたらベージュの糸をかけ、茶色の糸で引き抜き編みを編む。

4 編み地の裏側でベージュの糸が2段めの高さまで渡る。目と目の間に針を入れ、ベージュの糸で引き抜き編みを編む。

5 ベージュの糸にかわった。

6 3段めをベージュの糸で編む。以降、毎段3～4の要領で糸を交互にかえる。

PART-3 バッグと小物

花のサークルバッグ

パプコーン編みで立体的なお花模様を作ります。
縁をスカラップにしてかわいらしく。

デザイン⇒河合真弓
製作⇒関谷幸子
糸⇒ハマナカ エコアンダリヤ
編み方⇒ p.54

モチーフバッグ

四角く編んだモチーフを巻きかがりでつなぎました。
配色次第でキュートに、シックに、と印象がかわります。

デザイン⇒川路ゆみこ
製作⇒西村久実
糸⇒ハマナカ ウオッシュコットン
編み方⇒p.58

大人と子どもの帽子

縁以外はこま編みだけで編めるシンプルな帽子です。
サイドに巻きつけたレースのリボンをアクセントに。

デザイン⇒川路ゆみこ
製作⇒穴瀬圭子
糸⇒ハマナカ エコアンダリヤ
編み方⇒p.62

子ども用
大人用

マルシェバッグ

バラの花を１本１本編み込んだ華やかなデザイン。
模様がくっきり出るようにこま編みの
すじ編みで編んでいます。

デザイン⇒河合真弓
糸⇒ハマナカ エコアンダリヤ
編み方⇒ p.66

ブローチ

花や葉、実などのパーツを組み合わせて仕上げます。
1色、同色系、多色など、お好みのタイプで作ってください。

デザイン⇒河合真弓
糸⇒ハマナカ ウオッシュコットン《クロッシェ》
編み方⇒p.70

パイナップル模様のバッグ

小さなパイナップルの模様で涼しげなバッグに。
底の縁編みに玉編みを入れてフリンジ風にしています。

デザイン⇒川路ゆみこ
糸⇒ハマナカ エコアンダリヤ《クロッシェ》
編み方⇒p.72

巾着

底からぐるぐる輪に編むタイプで
側面には異なる2つの模様を入れました。
ひもやタッセルなどのパーツを作るのも楽しい。

デザイン⇒松本恵衣子
糸⇒ハマナカ フラックスK
編み方⇒p.74

ピアス

少量の糸でできるので残り糸の活用におすすめ。
違う色で1つずつ作り、組み合わせて使ってもいいでしょう。

デザイン⇒松本恵衣子
糸⇒ハマナカ ウオッシュコットン《クロッシェ》
編み方⇒p.76

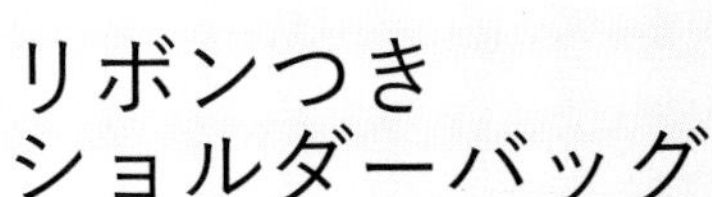

リボンつき ショルダーバッグ

バッグは編み地を横向きにしてストライプを作ります。
黒1色で編んだところに大きなリボンをつけてアクセントに。

デザイン⇒川路ゆみこ
製作⇒山本智美
糸⇒ハマナカ エコアンダリヤ
編み方⇒p.78

ハンドバッグ

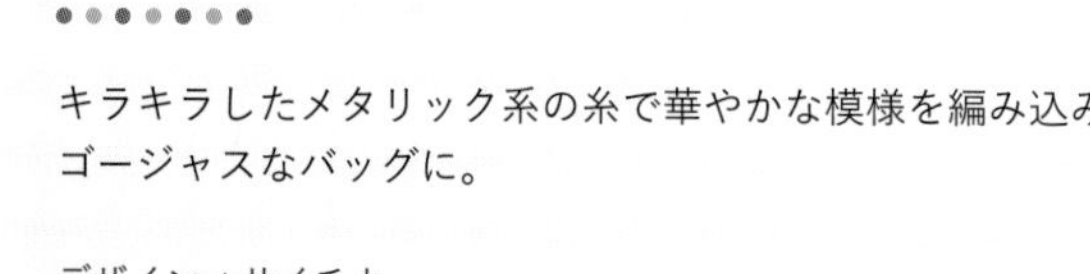

キラキラしたメタリック系の糸で華やかな模様を編み込み、
ゴージャスなバッグに。

デザイン⇒サイチカ
糸⇒ハマナカ エコアンダリヤ
編み方⇒p.80

黒い帽子

つば広デザインで大人の女性にぴったり。サイドにリボンを巻くかわりに透かし模様を入れて優雅な感じに。

デザイン⇒川路ゆみこ
製作⇒西村久実
糸⇒ハマナカ エコアンダリヤ
編み方⇒p.82

リボンのハンドバッグ

バッグの全面にリボンをつけたすてきなデザイン。キュート、カジュアル、シックなど、どの服にも合わせられます。

デザイン⇒サイチカ
糸⇒ハマナカ エコアンダリヤ
編み方⇒ p.84

ミニサークルバッグ

20ページの「花のサークルバッグ」の段数を減らして作りました。
コンパクトなサイズになると印象もずいぶんかわります。

デザイン⇒河合真弓
製作⇒関谷幸子
糸⇒ハマナカ エコアンダリヤ
編み方⇒ p.56

ショルダーバッグ

糸2本どりで適度に厚みのある編み地にしました。市販の留め具やチェーンをつけておしゃれに。

デザイン⇒河合真弓
製作⇒栗原由美
糸⇒ハマナカ エコアンダリヤ
編み方⇒p.86

花のポーチ

ポーチ本体は同じ編み方で飾りのモチーフに変化をつけました。
ファスナーのつまみにも花や葉のモチーフをつけてかわいらしく。

デザイン⇒河合真弓
製作⇒栗原由美
糸⇒ハマナカ フラックスK
編み方⇒p.88

ネットバッグ

糸3本どりで複雑な色合いを出したバッグ。
模様単位で目数をかえればサイズもアレンジできます。

デザイン⇒松本恵衣子
糸⇒ハマナカ フラックスK
編み方⇒p.90

ミニショルダーバッグ

こま編みだけでシンプルに編んだ、まちつきのバッグ。
ひも通し穴のまわりをこま編みで縁取りし、アクセントにしています。

デザイン⇒柴田 淳
糸⇒ハマナカ エコアンダリヤ
編み方⇒p.92

クラッチバッグ

ペタンコタイプでファスナーで開閉します。持ち手の輪に手を通して持てば、バッグを落とす心配もなく安心。

デザイン⇒柴田 淳
糸⇒ハマナカ エコアンダリヤ
編み方⇒ p.94

サコッシュ

ちょっとした買い物やキャンプなどのアウトドアにも使えます。
ひんぱんに出し入れするものは外側のポケットに。

デザイン⇒柴田 淳
糸⇒ハマナカ コマコマ
編み方⇒p.95

キャスケット

短いつばとふっくらしたシルエットが特徴のキャップです。
濃淡のグレーを2本どりにして、雰囲気のある編み地に。

デザイン⇒松本恵衣子
糸⇒ハマナカ フラックスK
編み方⇒p.96

ストライプのバッグ

側面は平らに編んだ編み地をくさりはぎで袋状にします。
入れ口を少しキュッとさせてかわいらしい形に。

デザイン⇒川路ゆみこ
製作⇒植田寿々
糸⇒ハマナカ フラックスK
編み方⇒ p.98

バネ口金のポーチ

●●●●●●●

片手でパカッと開くバネ口金でポーチを作りました。
ふわっとしたフリルはあとから編みつけています。

デザイン⇒河合真弓
製作⇒栗原由美
糸⇒ハマナカ フラックスK
編み方⇒ p.100

スクエアバッグ

底、まち、持ち手にチェック柄を入れました。
糸を切らずに編めるよう、編み方向に注意して作ります。

デザイン⇒松本恵衣子
糸⇒ハマナカ エコアンダリヤ
編み方⇒ p.102

Purloined A Novel

KIPPY · CHUNK

がま口ポーチ

●●●●●●●

単色の糸とグラデーションの糸を組み合わせました。ぐるぐる輪に編んで、そのまま口金にも編みつけて完成します。

デザイン⇒松本恵衣子
糸⇒ハマナカ ウオッシュコットン《グラデーション》、ウオッシュコットン
編み方⇒ p.104

半円ポーチ

本体を編むときにすじ編みで半目を残し、そこに飾りを編んで立体的にしています。
飾りを別の色にかえてオリジナルを楽しんでもいいでしょう。

デザイン⇒河合真弓
製作⇒栗原由美
糸⇒ハマナカ フラックスK
編み方⇒p.106

ブレスレット

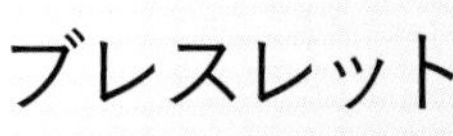

くさり編みの作り目の上下に
1段ずつ編むと完成するデザイン。
留め具のボタン穴はくさり編みが通る
大きさのものを用意しましょう。

デザイン⇒松本恵衣子
糸⇒ハマナカ ウオッシュコットン《クロッシェ》
編み方⇒p.101

A

B

花のサークルバッグ

⇒写真 p.20・21

［でき上がりサイズ］
直径30cm　まち幅6cm

［材料と用具］
糸　ハマナカ エコアンダリヤ
A 赤(37)250g　B 淡茶(23)250g
針　ハマナカアミアミ両かぎ針ラクラク5/0号

［ゲージ］
長編み　2段＝2.7cm
こま編み　11目＝6cm、16段＝10cm

［編み方］糸は1本どり。
1 側面は糸端を輪にする作り目(1回巻き)で模様編みAを図のように編み、同じものを2枚編みます。
2 まちはくさり編みで作り目し、こま編みを編みます。
3 側面のまわりの縁編みは、1段めの指定の位置でまちを外表に重ねて編みます。
4 持ち手はくさり編みで作り目して模様編みBを編み、同じものを2枚編みます。
5 持ち手を側面の内側につけます。

寸法図

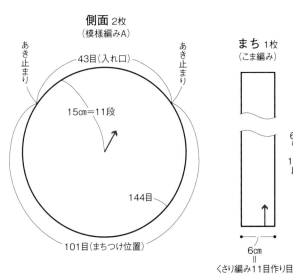

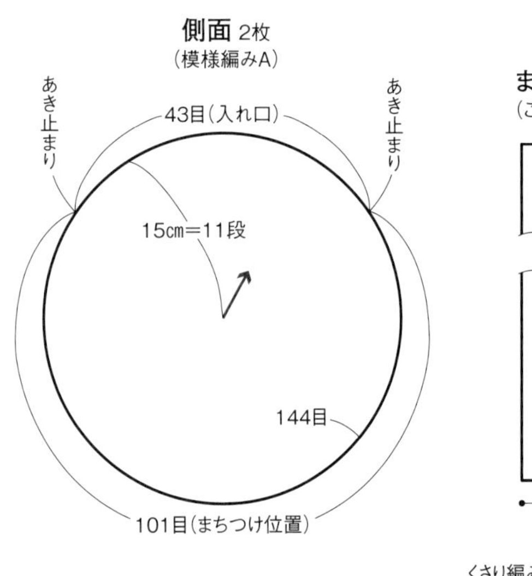

側面 2枚
(模様編みA)
あき止まり
43目(入れ口)
あき止まり
15cm=11段
144目
101目(まちつけ位置)

まち 1枚
(こま編み)
63cm=101段
6cm=くさり編み11目作り目

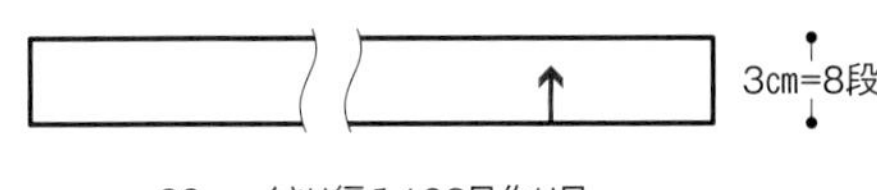

持ち手 2本
(模様編みB)
3cm=8段
60cm=くさり編み102目作り目

仕上げ方

持ち手を内側にまつる
6cm
まち
30cm
2cm=2段
(縁編み)
1段めの101目はまちを外表に重ねて編む

編み方記号図

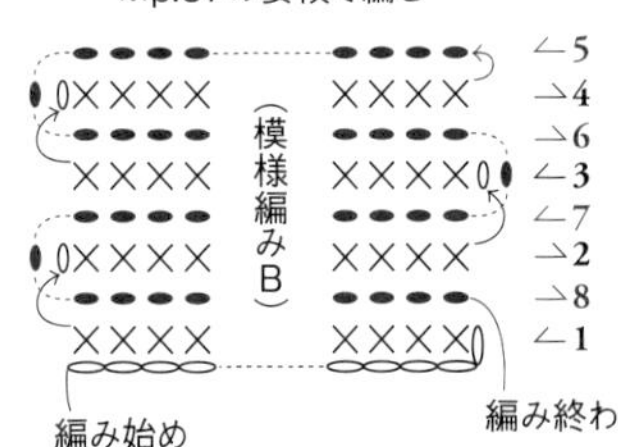

持ち手
※p.57の要領で編む
(模様編みB)
5
4
6
3
7
2
8
1
編み始め
編み終わり

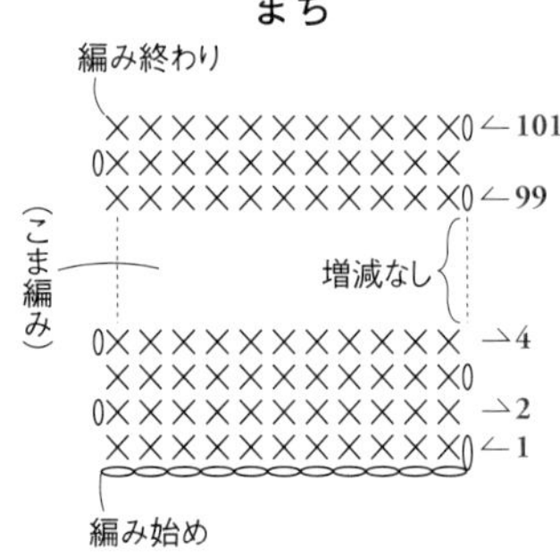

まち
編み終わり
101
99
(こま編み)
増減なし
4
2
1
編み始め

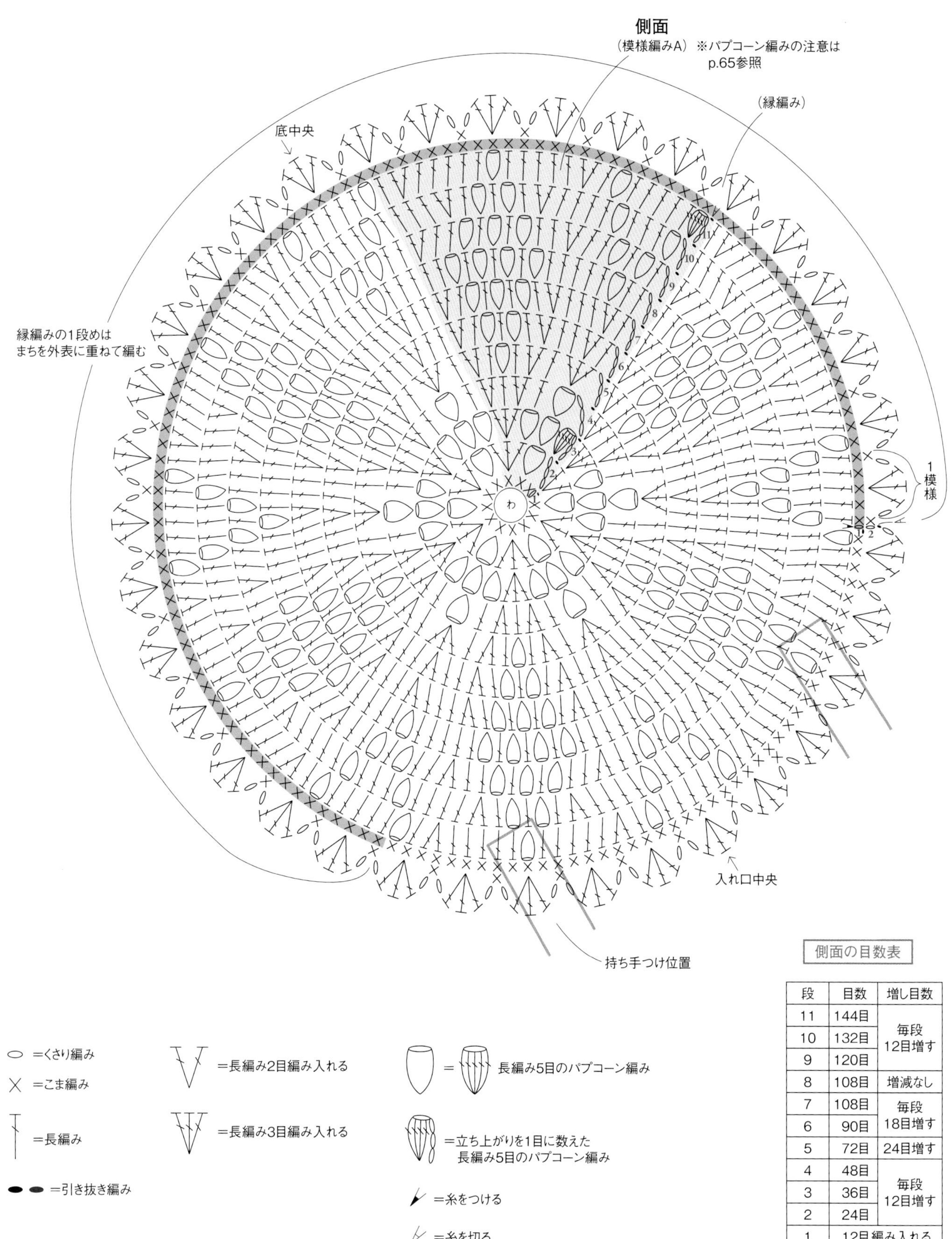

側面
（模様編みA）※パプコーン編みの注意は
p.65参照
（縁編み）
底中央
縁編みの1段めは
まちを外表に重ねて編む
1
模様
わ
入れ口中央
持ち手つけ位置

○ ＝くさり編み

× ＝こま編み

＝長編み

＝引き抜き編み

＝長編み2目編み入れる

＝長編み3目編み入れる

＝ 長編み5目のパプコーン編み

＝立ち上がりを1目に数えた
長編み5目のパプコーン編み

＝糸をつける

＝糸を切る

側面の目数表

段	目数	増し目数
11	144目	毎段12目増す
10	132目	
9	120目	
8	108目	増減なし
7	108目	毎段18目増す
6	90目	
5	72目	24目増す
4	48目	毎段12目増す
3	36目	
2	24目	
1	12目編み入れる	

A

B

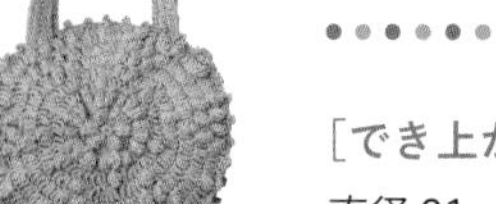

ミニサークルバッグ ⇒写真 p.38・39

[でき上がりサイズ]
直径21cm　まち幅4.5cm

[材料と用具]
糸　ハマナカ エコアンダリヤ
　A グレー(148)130g
　B 濃グレー(151)130g
針　ハマナカアミアミ両かぎ針ラクラク5/0号

[ゲージ]
長編み　2段＝2.7cm
こま編み　8目＝4.5cm、16段＝10cm

[編み方] 糸は1本どり。
1 側面は糸端を輪にする作り目(1回巻き)で模様編みAを図のように編み、同じものを2枚編みます。
2 まちはくさり編みで作り目し、こま編みを編みます。
3 側面のまわりの縁編みは、1段めの指定の位置でまちを外表に重ねて編みます。
4 持ち手はくさり編みで作り目して模様編みBを編み、同じものを2枚編みます。
5 持ち手を側面の内側につけます。

寸法図

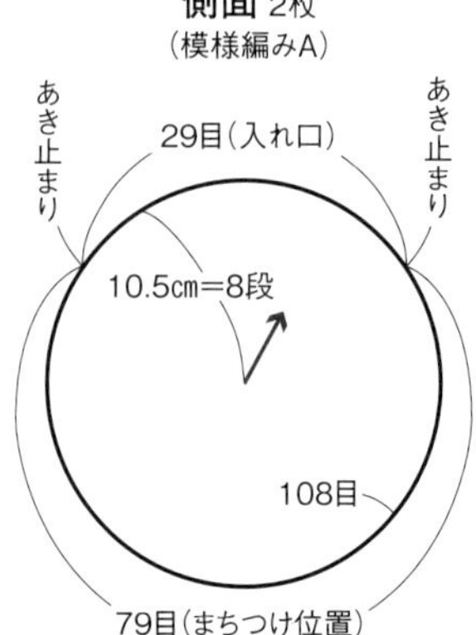
側面 2枚
(模様編みA)
あき止まり
29目(入れ口)
あき止まり
10.5cm=8段
108目
79目(まちつけ位置)

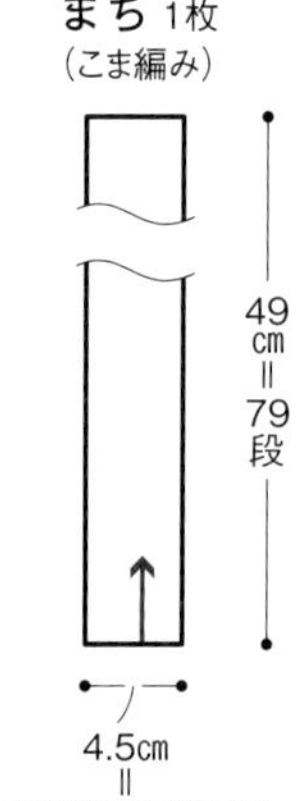
まち 1枚
(こま編み)
49cm＝79段
4.5cm＝くさり編み8目作り目

仕上げ方

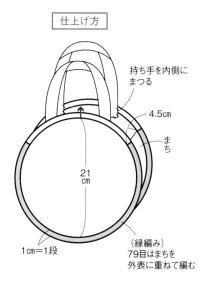

持ち手を内側にまつる
4.5cm
まち
21cm
1cm＝1段
(縁編み)
79目はまちを外表に重ねて編む

持ち手 2本
(模様編みB)
2cm=6段
38cm=くさり編み64目作り目

編み方記号図

持ち手
※p.57を参照して編む
模様編みB
編み終わり
編み始め

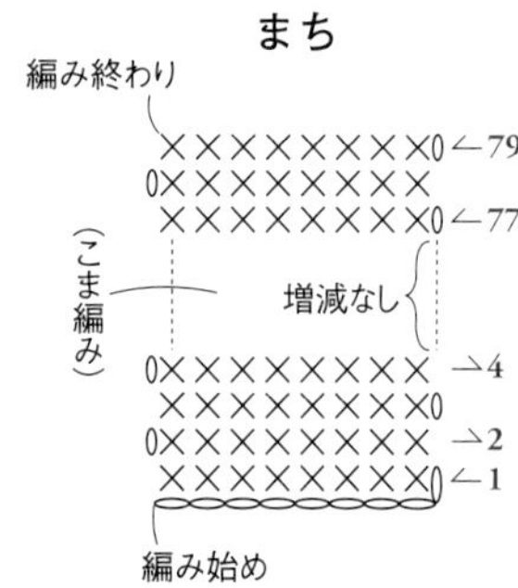
まち
編み終わり
79
77
(こま編み)
増減なし
4
2
1
編み始め

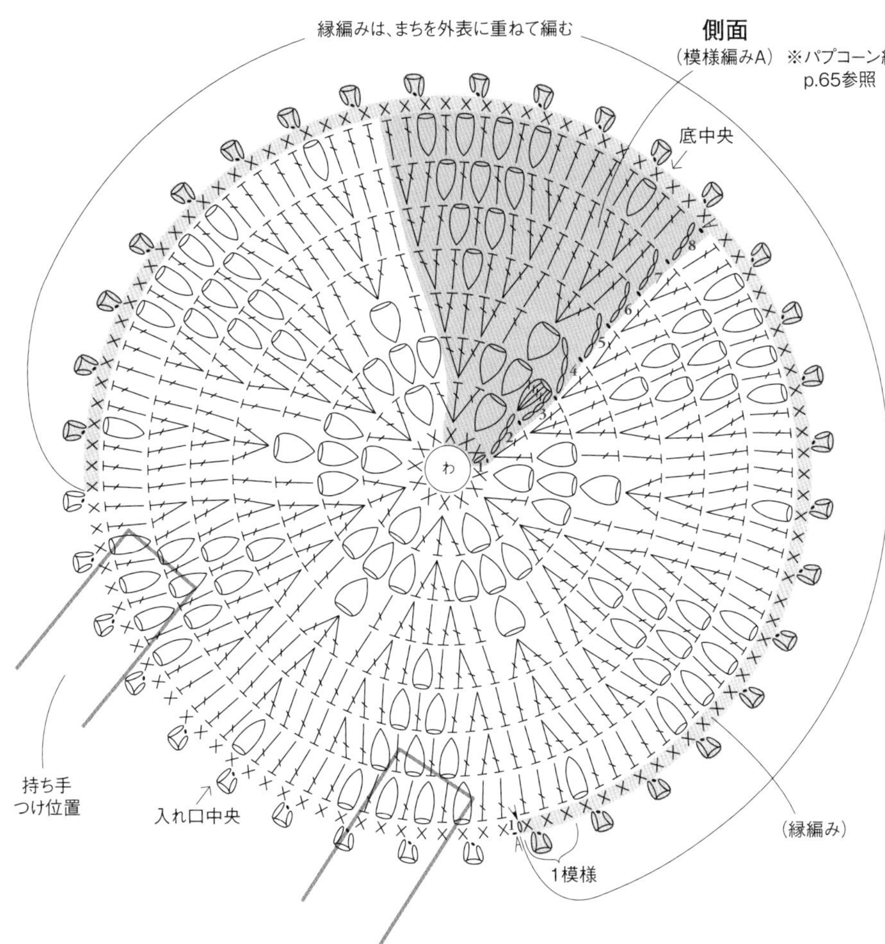
縁編みは、まちを外表に重ねて編む
側面
（模様編みA）
※パプコーン編みの注意は
p.65参照
底中央
わ
持ち手
つけ位置
入れ口中央
（縁編み）
1模様

側面の目数表

段	目数	増し目数
8	108目	増減なし
7	108目	毎段 18目増す
6	90目	
5	72目	24目増す
4	48目	毎段 12目増す
3	36目	
2	24目	
1	12目編み入れる	

○ =くさり編み

× =こま編み

=長編み

● ● =引き抜き編み

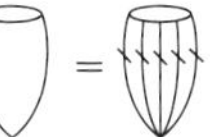
長編み5目のパプコーン編み

=立ち上がりを1目に数えた
長編み5目のパプコーン編み

=くさり編み3目のピコット

=糸をつける

=糸を切る

持ち手の編み方

※わかりやすいように目数を減らし、4段めから糸の色をかえています。

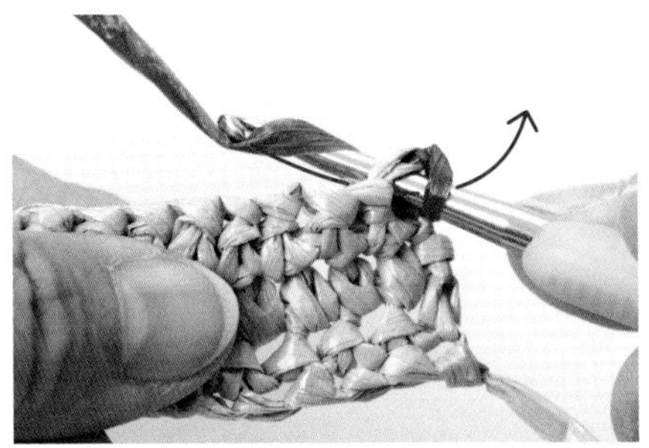

1 くさり編みで作り目してこま編みを3段編み、4段めは3段めのこま編みの頭に1目に1目ずつ引き抜き編みを編む。

2 3段めの立ち上がりのくさり編みの半目に針を入れ、引き抜き編みを編む。

3 編み地を回転させて2段めと3段めの間に針を入れ、引き抜き編みを編む。

4 引き抜き編みが編めた。

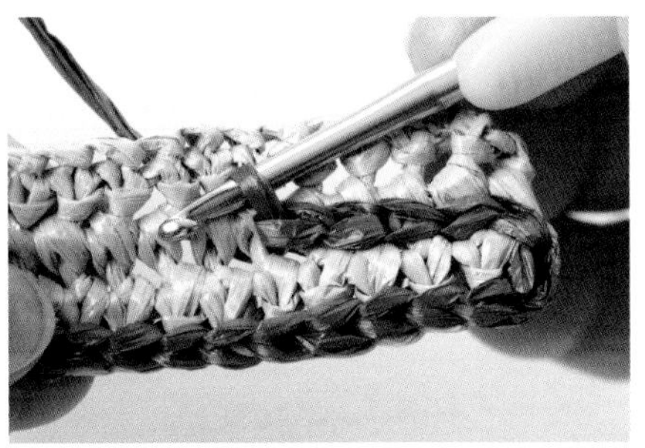

5 同様に1目に1目ずつ、引き抜き編みを編む。

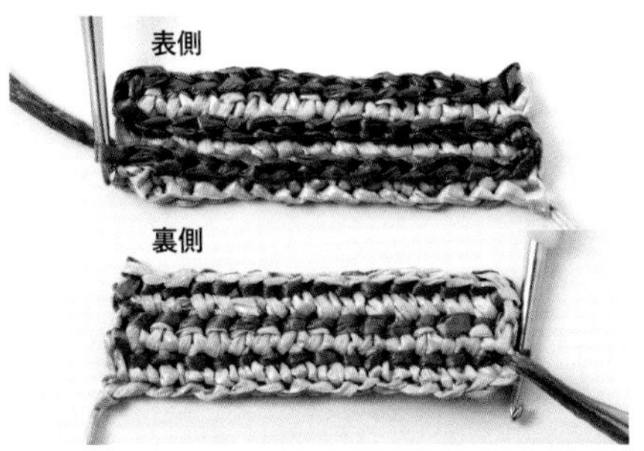
表側
裏側

6 2～5の要領で2段めの立ち上がりのくさり編み、1段めと2段めの間に引き抜き編みを編む。

A

B

モチーフバッグ

⇒写真 p.22・23

［でき上がりサイズ］
幅32cm　深さ35cm

［材料と用具］

糸　ハマナカ ウオッシュコットン
　A ブルー(26)80g　生成り(2)70g　青紫(7)55g
　淡グリーン(21)、ラベンダー(18)各45g
　B 黒(13)140g　チャコールグレー(39)85g
　生成り(2)65g

針　ハマナカアミアミ両かぎ針ラクラク4/0号

［モチーフの大きさ］8cm角

［編み方］糸は1本どり。

1 モチーフは糸端を輪にする作り目(2回巻き)で指定の枚数を図のように編みます。
2 モチーフを**A**は半目の巻きかがり、**B**は全目の巻きかがりでつなぎます。
3 入れ口に縁編みを輪に編みます。
4 持ち手はくさり編みで作り目し、こま編みで編みます。同じものを2枚編みます。
5 持ち手を入れ口の内側につけます。

寸法図

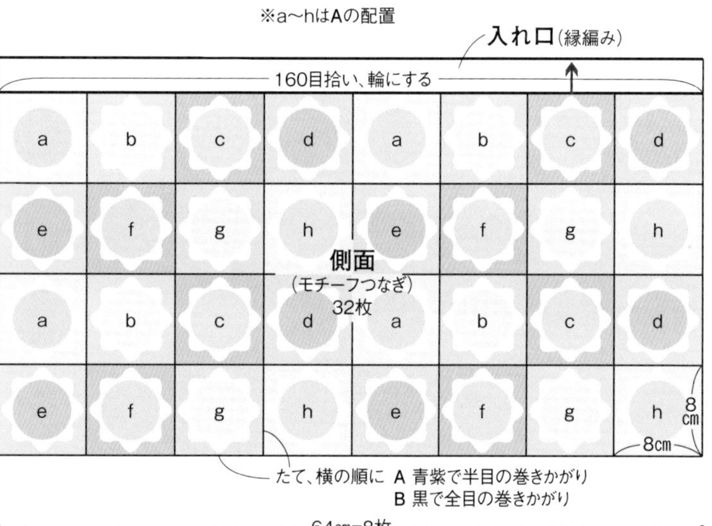
※a～hはAの配置
入れ口(縁編み)
160目拾い、輪にする
3cm=8段
a b c d a b c d
e f g h e f g h
a b c d a b c d
e f g h e f g h
側面
(モチーフつなぎ)
32枚
32cm=4枚
8cm
8cm
たて、横の順に A 青紫で半目の巻きかがり
B 黒で全目の巻きかがり
64cm=8枚

持ち手 2本
(こま編み)　Aブルー　B黒
2.5cm=7段
45cm=くさり編み90目作り目

モチーフの編み方記号図

わ
1
2
3
4
5
6

※3段めのこま編みは1段めの長編みに編む
(p.60参照)

モチーフの配色と枚数

       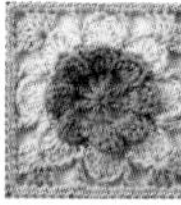 

段	A 各4枚								B
	a	b	c	d	e	f	g	h	32枚
5･6	淡グリーン	ブルー	青紫	ラベンダー	ブルー	青紫	ラベンダー	淡グリーン	黒
4	生成り	生成り	生成り	生成り	生成り	生成り	生成り	生成り	生成り
1～3	ラベンダー	淡グリーン	ブルー	青紫	青紫	ラベンダー	淡グリーン	ブルー	チャコールグレー

モチーフのつなぎ方と縁編みの１段めの編み方記号図

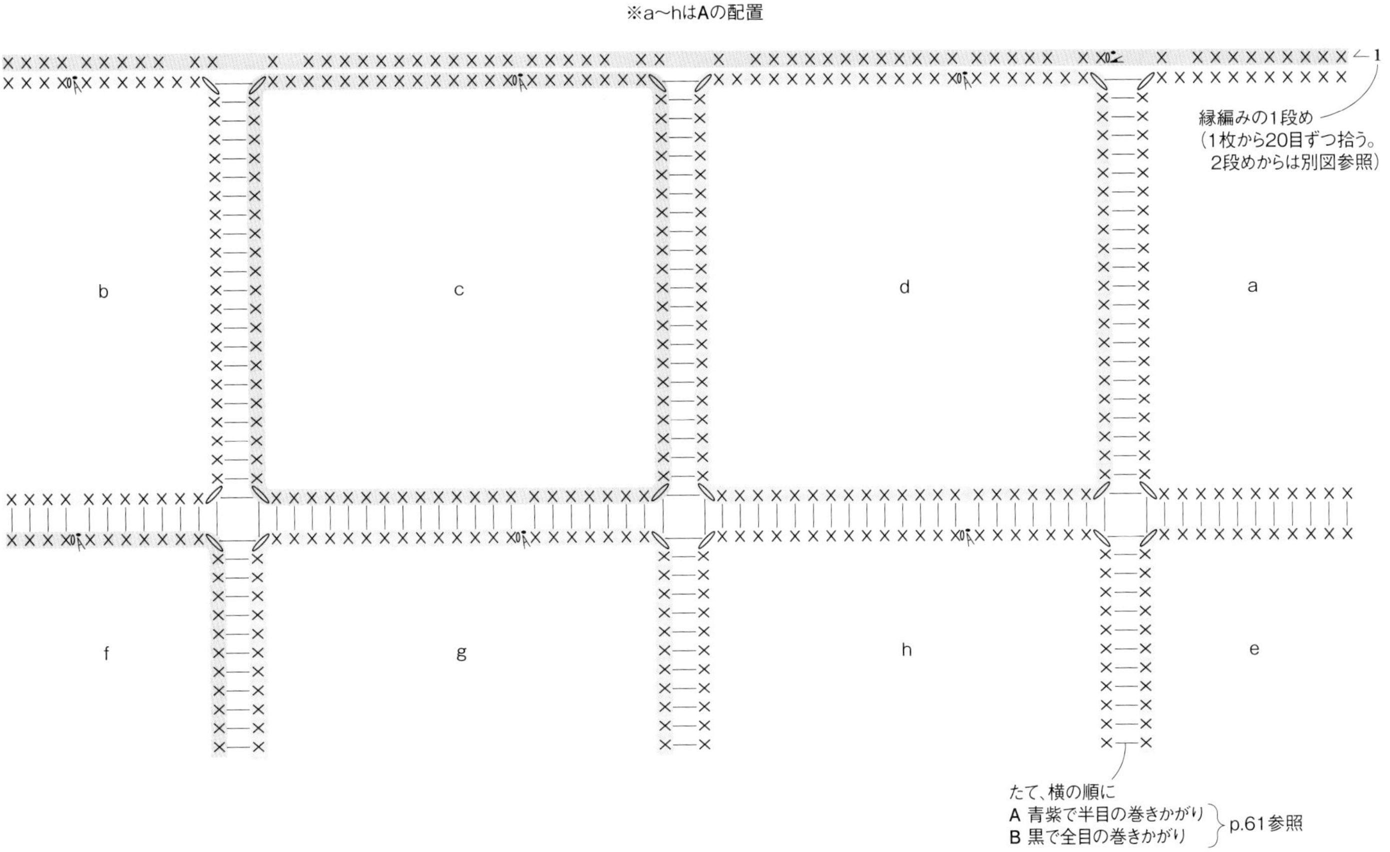

※a〜hはAの配置

b　c　d　a

f　g　h　e

←1

縁編みの1段め
（1枚から20目ずつ拾う。
2段めからは別図参照）

たて、横の順に
A 青紫で半目の巻きかがり
B 黒で全目の巻きかがり
p.61参照

編み方記号図

縁編み

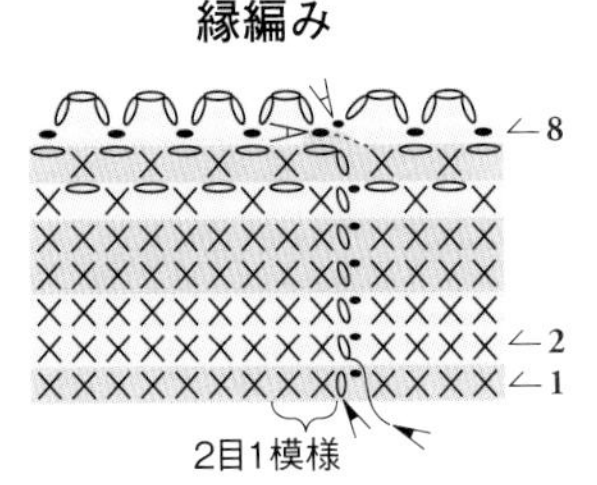

←8
→2
←1
2目1模様

持ち手

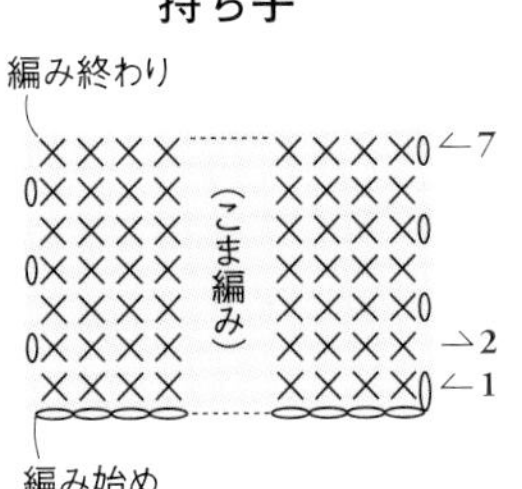

編み終わり
←7
（こま編み）
→2
←1
編み始め

仕上げ方

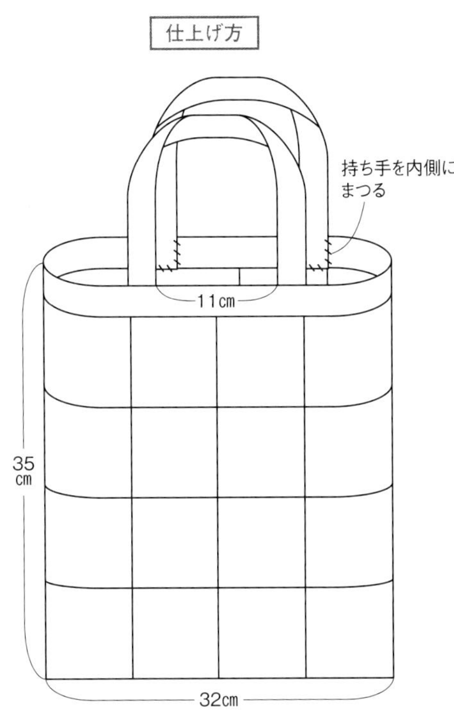

持ち手を内側にまつる
11cm
35cm
32cm

縁編みの配色表

段	A	B
8	ブルー	チャコールグレー
7	青紫	黒
6	ブルー	チャコールグレー
4･5	青紫	黒
2･3	ブルー	チャコールグレー
1	青紫	黒

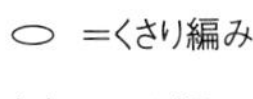 ＝くさり編み

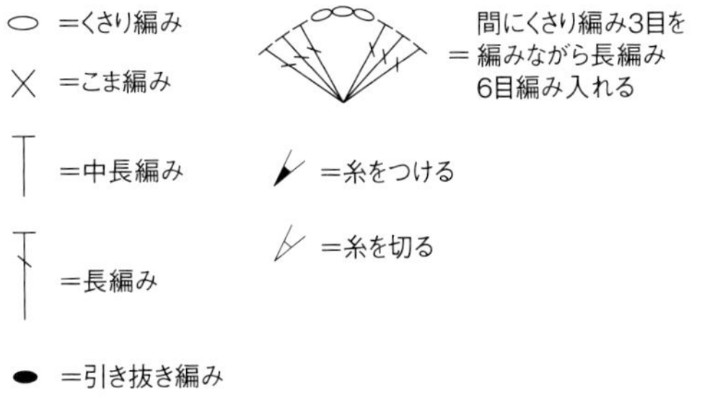

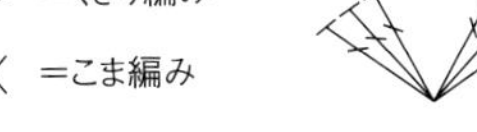 ＝こま編み

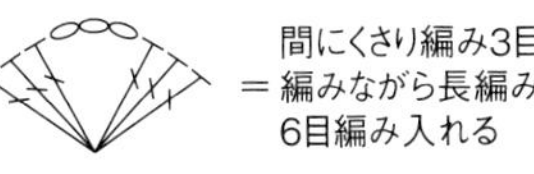 ＝間にくさり編み3目を編みながら長編み6目編み入れる

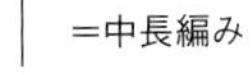 ＝中長編み

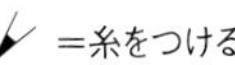 ＝糸をつける

＝糸を切る

＝長編み

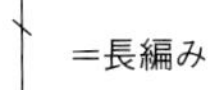 ＝引き抜き編み

モチーフ(1～4段め)の編み方

※3段めで立体にする編み方です。配色は作品Aのモチーフaで解説しています。

1 p.111の糸端を輪にする作り目(2回巻き)で、1段めの長編みは輪に針を入れ、図のように編む。

2 1段めが編めた。

3 2段めは1段めのくさり編みをそっくりすくって編む。

4 3段め。立ち上がりのくさり編み1目を編み、2段めの立ち上がりのくさり編みとこま編みの間に、後ろから針を入れる。

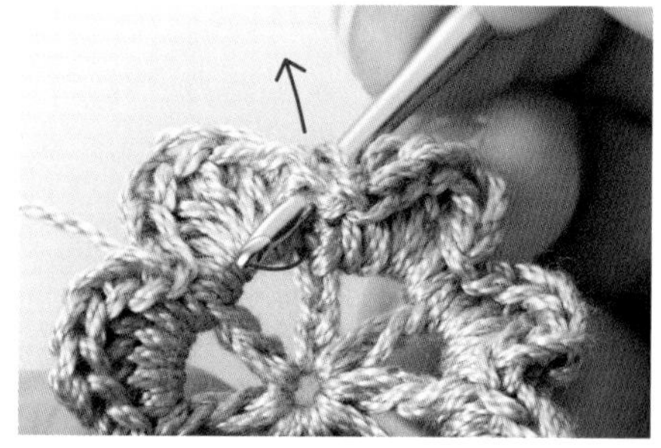

5 1段めの立ち上がりのくさり編みの3目めに針を入れる。

6 2段めを手前に倒し、針に糸をかけて引き出し、こま編みを編む。

7 こま編みが編めた。

8 くさり編みを5目編む。

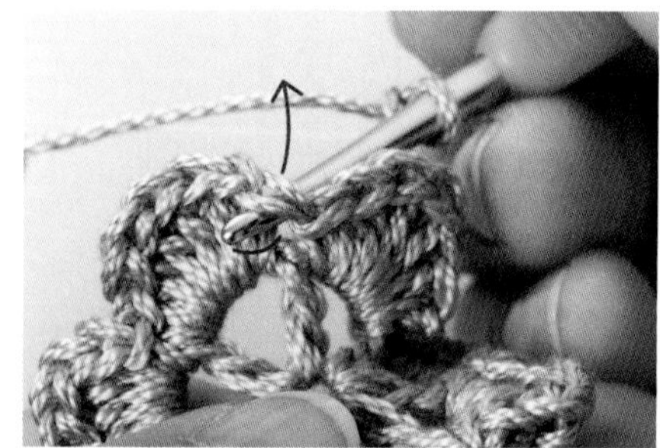

9 4～6の要領で2段めのこま編みとこま編みの間に後ろから針を入れ、1段めの長編みの頭にこま編みを編む。

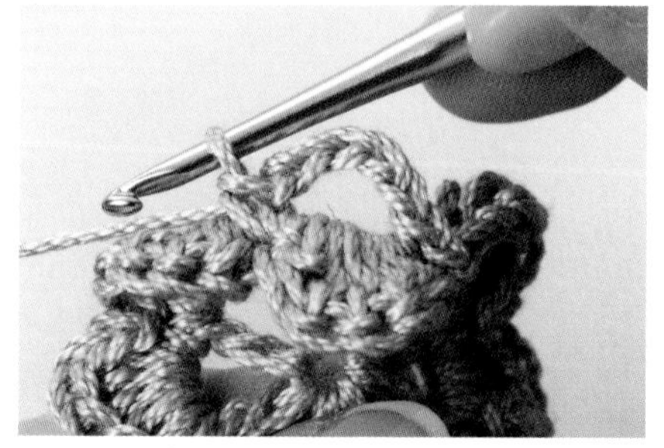

10 こま編みが編めた。

11 8～10をくり返し、段の終わりはくさり編みを5目編んだら最初のこま編みの頭に引き抜き編みを編む。

12 編み地を裏返したところ。

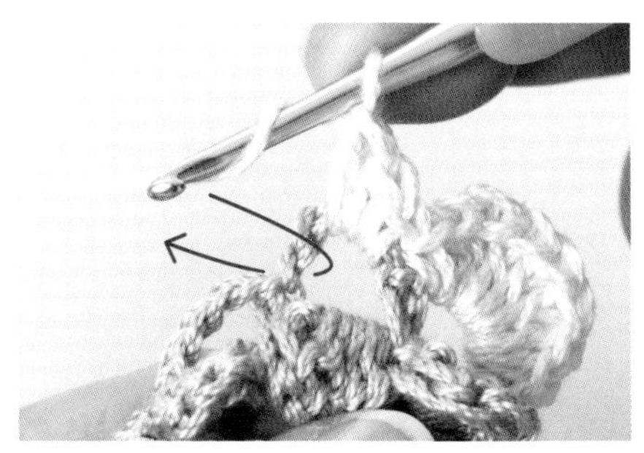

13 4段めは糸をかえ、3段めのくさり編みをそっくりすくって編む。

14 4段めが編めた。2段めが立体になる。

半目の巻きかがりでつなぐ

※作品Aのつなぎ方です。

a
b
e
f

1 モチーフを指定の配置で並べる。

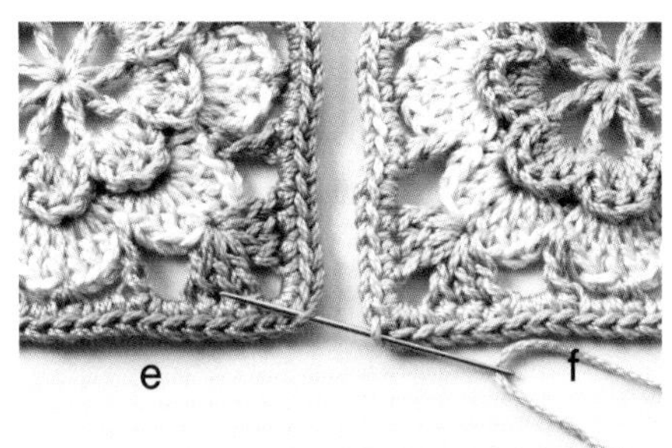
e
f

2 とじ針に糸を通し、2枚のモチーフをつき合わせにして角のくさり編みの半目にそれぞれ針を入れる。

3 もう一度、同じところに針を入れる。

4 次からは向き合った目の内側の1本を交互にすくって糸を引く。

a
b

5 4をくり返し、角はくさり編みの半目をすくう。かがった糸が斜めに渡る。そのまま続けてa、bのモチーフもつなぐ。

6 最後は角に針を2回入れる。

全目の巻きかがりでつなぐ

※作品Bのつなぎ方です。わかりやすいように、作品Aのモチーフで解説しています。

半目の巻きかがりの要領で、角のくさり編みは表側の2本と裏山の間に、こま編みは頭に針を入れてつなぐ。

実際の作品。それぞれ2本ずつすくっているので、半目よりつなぎ目に厚みが出る。

POINT

表に出るかがり糸が同じ長さになるように、糸の引き具合を調整するのがきれいに仕上げるポイント。

A 大人用

B 子ども用

大人と子どもの帽子

⇒写真 p.24・25

［でき上がりサイズ］

A 頭まわり56cm　深さ18cm

B 頭まわり51cm　深さ15cm

［材料と用具］

糸　ハマナカ エコアンダリヤ
ベージュ(169)　**A** 110g　**B** 80g

針　ハマナカアミアミ両かぎ針ラクラク5/0号

その他　幅2.5cmのトーションレース
A 60cm　**B** 55cm
手縫い糸　手縫い針

［ゲージ］こま編み　19目×18段＝10cm角

［編み方］糸は1本どり。

1 トップは糸端を輪にする作り目(1回巻き)でこま編みを図のように編み、続けてサイド、ブリム(最終段はバックこま編み)を編みます。

2 サイドにレースをつけます。

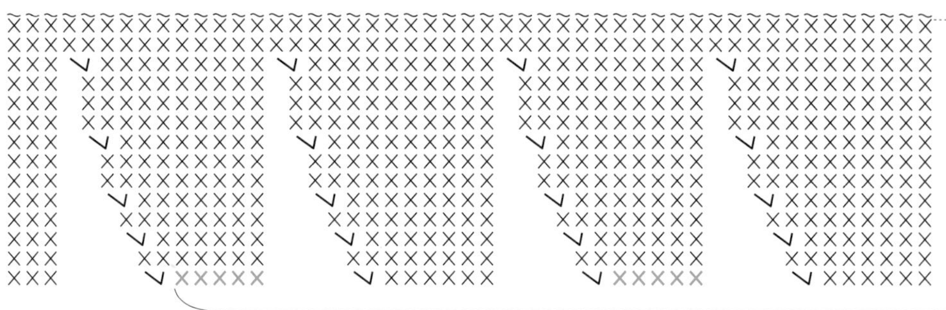

寸法図

A 8cm＝14段
B 7cm＝13段
トップ
サイド
ブリム
(こま編み)
A 10cm＝18段
B 8cm＝14段
A 56cm＝106目
B 51cm＝96目
A 8cm＝14段
B 6.5cm＝12段
最終段のみ
バックこま編み
レースを巻いて縫いつける

A 大人の目数表

	段	目数	増し目数
ブリム	13・14	186目	増減なし
	12	186目	16目増す
	9〜11	170目	増減なし
	8	170目	16目増す
	6・7	154目	増減なし
	5	154目	16目増す
	4	138目	増減なし
	3	138目	16目増す
	2	122目	増減なし
	1	122目	16目増す
サイド	5〜18	106目	増減なし
	4	106目	2目増す
	1〜3	104目	増減なし
トップ	14	104目	増減なし
	13	104目	毎段8目増す
	12	96目	
	11	88目	
	10	80目	
	9	72目	
	8	64目	
	7	56目	
	6	48目	
	5	40目	
	4	32目	
	3	24目	
	2	16目	
	1	8目編み入れる	

POINT

帽子は作品と同じゲージで編まないと、大きくなったり小さくなったりしてせっかく編んでも使えなくなります。自分のゲージで目数を計算し直すのは大変なので、かぎ針の号数をかえて編み直しましょう。

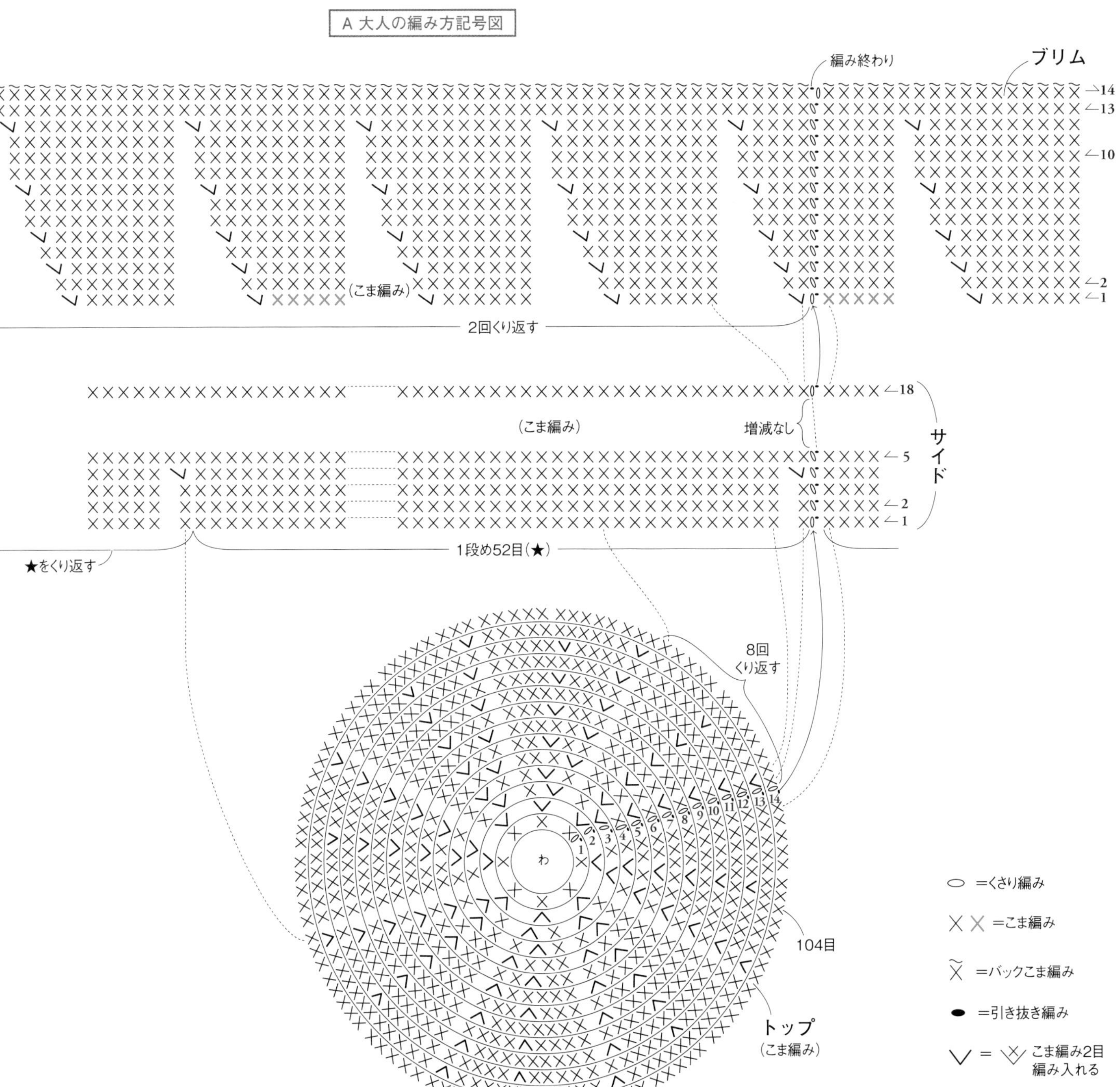

A 大人の編み方記号図
編み終わり
ブリム
14
13
10
2
1
(こま編み)
2回くり返す
18
(こま編み)
増減なし
サイド
5
2
1
1段め52目(★)
★をくり返す
8回
くり返す
わ
1
2
3
4
5
6
7
8
9
10
11
12
13
14
104目
トップ
(こま編み)
=くさり編み
=こま編み
=バックこま編み
=引き抜き編み
= こま編み2目編み入れる

B 子どもの編み方記号図

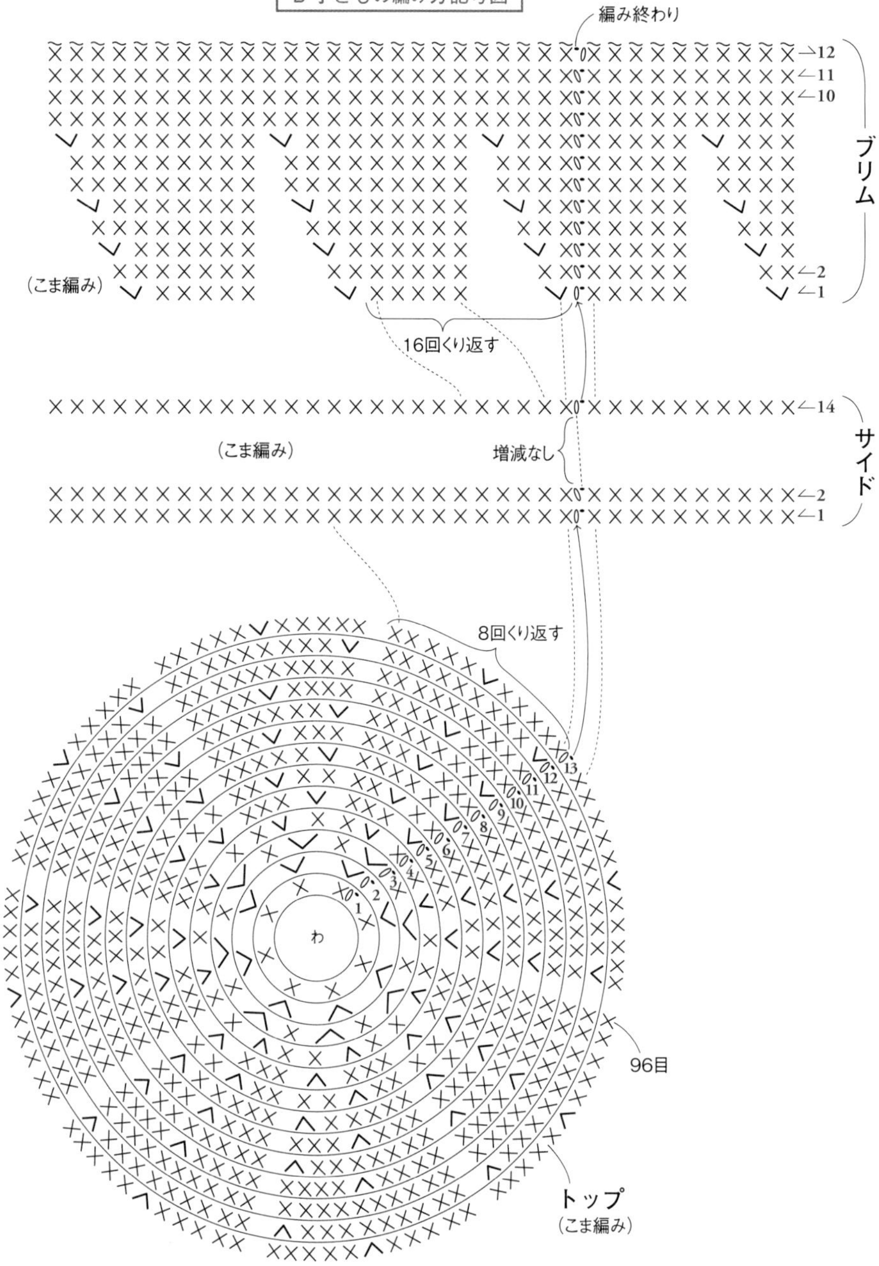

編み終わり

ブリム（こま編み）: 1〜12段
16回くり返す

サイド（こま編み）: 1〜14段
増減なし

トップ（こま編み）: 1〜13段
8回くり返す
96目
わ

B 子どもの目数表

	段	目数	増し目数
ブリム	9〜12	160目	増減なし
	8	160目	16目増す
	6･7	144目	増減なし
	5	144目	16目増す
	4	128目	増減なし
	3	128目	16目増す
	2	112目	増減なし
	1	112目	16目増す
サイド	14〜1	96目	増減なし
トップ	13	96目	毎段8目増す
	12	88目	
	11	80目	増減なし
	10	80目	毎段8目増す
	9	72目	
	8	64目	
	7	56目	
	6	48目	
	5	40目	
	4	32目	
	3	24目	
	2	16目	
	1	8目 編み入れる	

○ =くさり編み

× =こま編み

×̃ =バックこま編み

● =引き抜き編み

∨ = こま編み2目編み入れる

引き抜きはぎの編み方

※ p.78 リボンつきショルダーバッグ、p.80 ハンドバッグ、p.92 ミニショルダーバッグで使用します。編み地の状態は異なります。

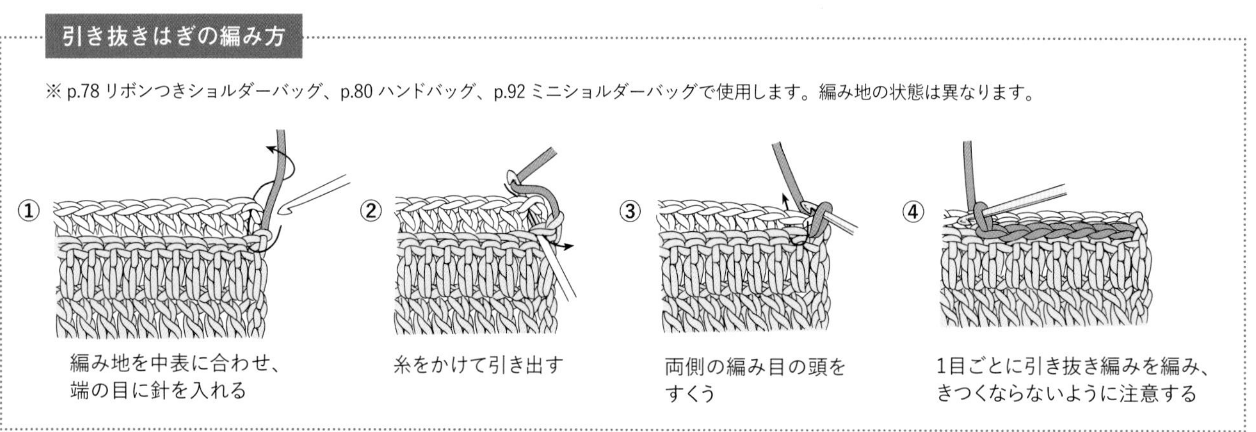

① 編み地を中表に合わせ、端の目に針を入れる

② 糸をかけて引き出す

③ 両側の編み目の頭をすくう

④ 1目ごとに引き抜き編みを編み、きつくならないように注意する

パプコーン編みを編むときに知っておきたいこと

※p.54花のサークルバッグ、p.56ミニサークルバッグに必要なテクニックです。

立ち上がりを1目に数えた長編み5目のパプコーン編み

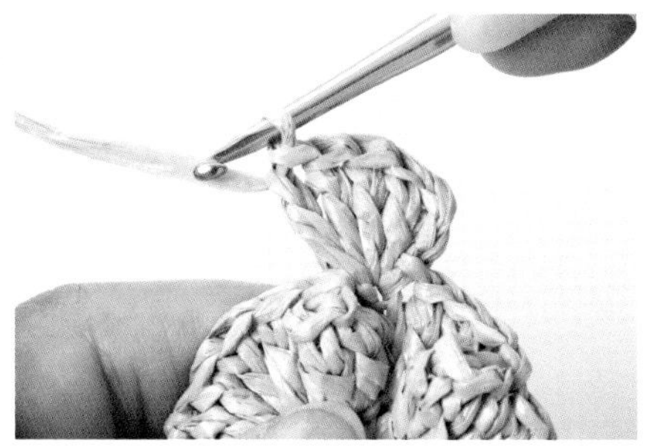

1 立ち上がりのくさり編み3目、長編み4目を編む。

2 針を一度抜き、立ち上がりのくさり編み3目め（半目と裏山）に針を入れ、抜いた目に針を入れて矢印のように引き出す。

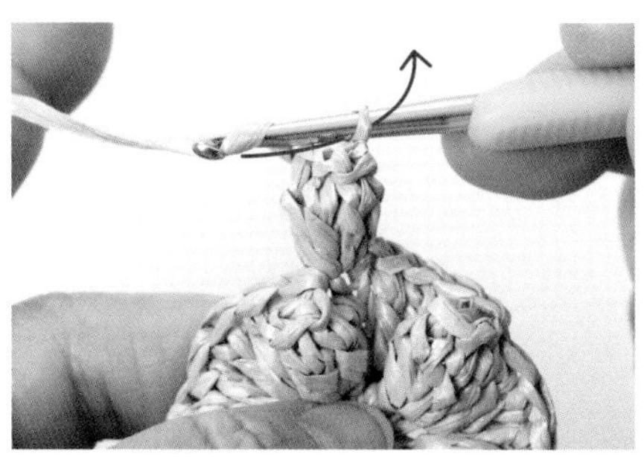

3 針に糸をかけ、くさり編みの要領で1目編む。

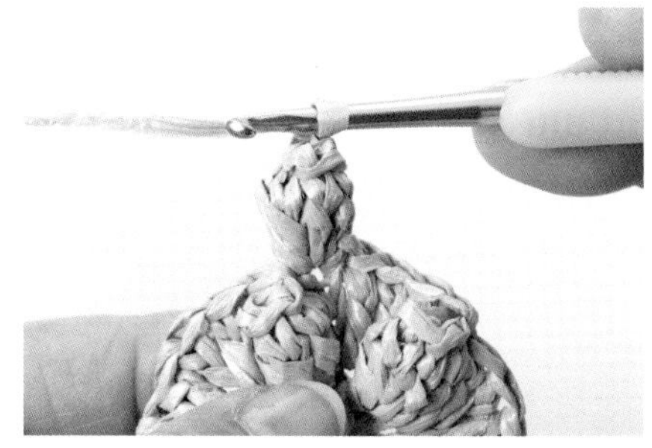

4 パプコーン編みが編めた。3で編んだ目がパプコーン編みの頭になる。

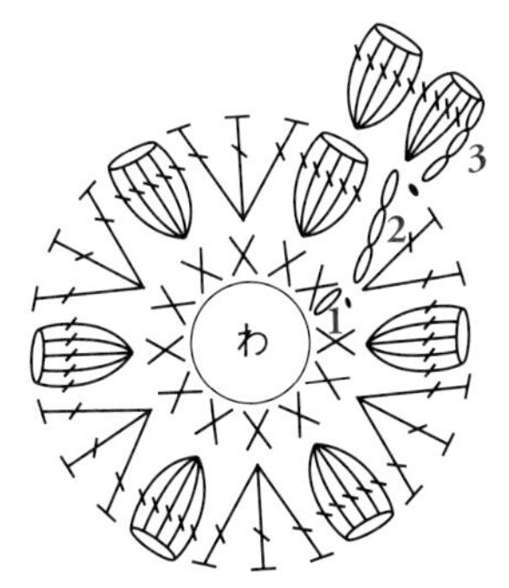
わ
1
2
3

次の段を編むときに、前段のパプコーン編みのどこに針を入れる？

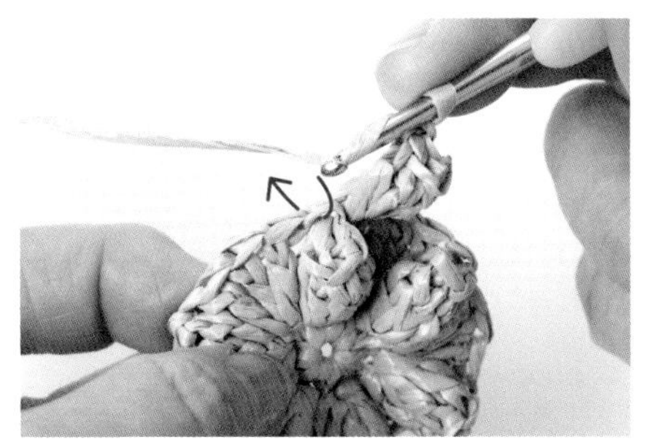

1 パプコーン編みの頭（上記の3で編んだ目）に針を入れる。

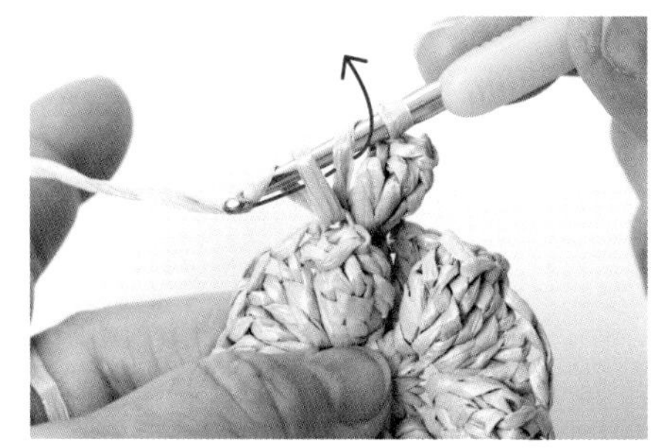

2 指定の記号（ここでは長編み5目のパプコーン編み）を編む。

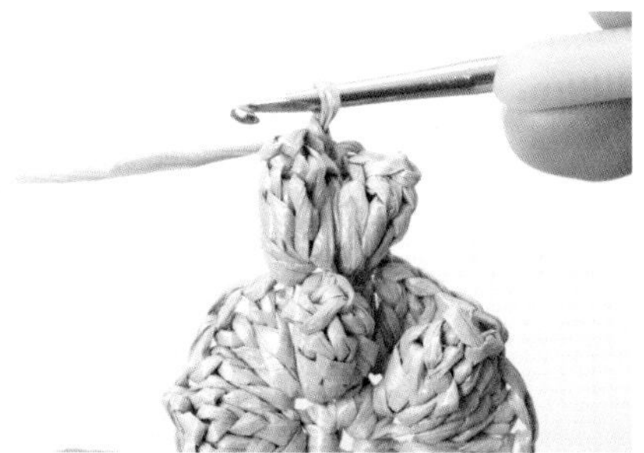

3 長編みなど他の記号を編みつけるときも1と同様にする。

マルシェバッグ

⇒写真 p.26

［でき上がりサイズ］
入れ口幅41cm　深さ27cm

［材料と用具］
糸　ハマナカ エコアンダリヤ
淡茶(23)155g　グリーン(17)45g
ピンク(46)30g
針　ハマナカアミアミ両かぎ針ラクラク5/0号

［ゲージ］
こま編み　19目＝10cm、16段＝8.5cm
こま編みのすじ編みの編み込みA、B
19目×14段＝10cm角

［編み方］糸は1本どり。
1 底はくさり編みで作り目し、こま編みで図のように編みます。
2 続けて側面をこま編みのすじ編みの編み込みA、B、縁編みで編みます。
3 持ち手はくさり編みで作り目して模様編み、縁編みを編みます。
4 持ち手を側面の内側につけます。

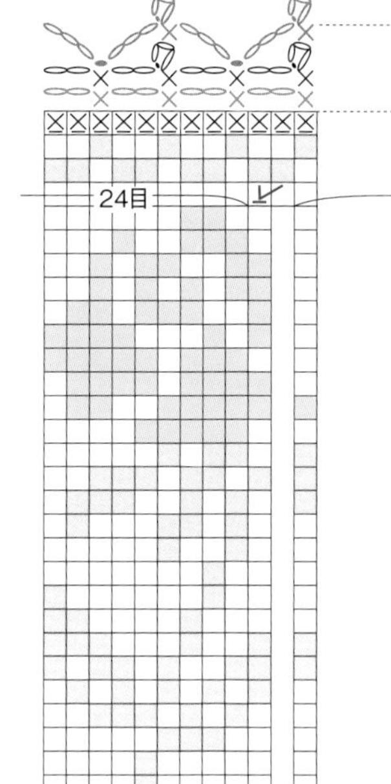
24目

寸法図

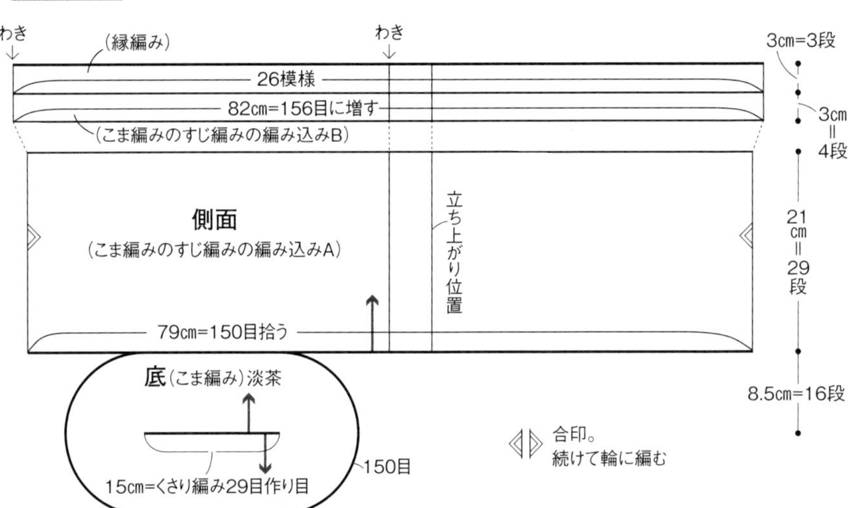
わき
(縁編み)
わき
26模様
82cm=156目に増す
(こま編みのすじ編みの編み込みB)
3cm=3段
3cm
=
4段
側面
(こま編みのすじ編みの編み込みA)
立ち上がり位置
21cm
=
29段
79cm=150目拾う
底(こま編み)淡茶
15cm=くさり編み29目作り目
150目
8.5cm=16段
合印。
続けて輪に編む

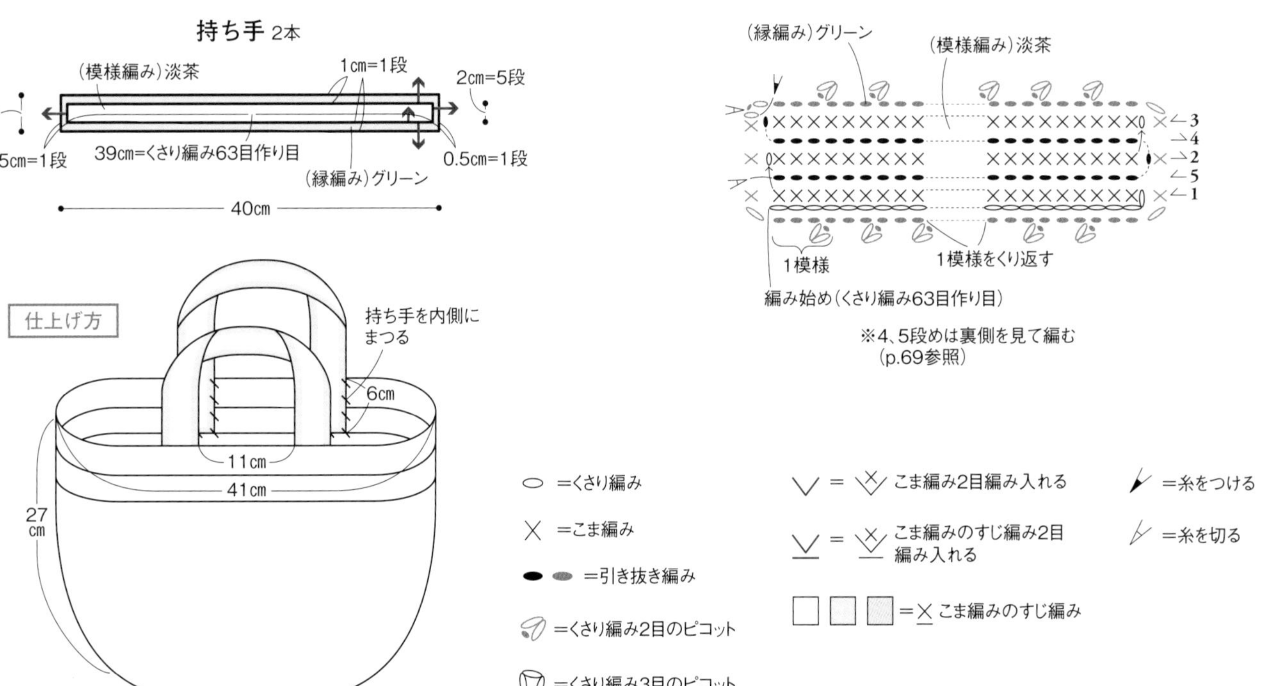
持ち手 2本
(模様編み)淡茶
1cm=1段
2cm=5段
4cm
0.5cm=1段
39cm=くさり編み63目作り目
(縁編み)グリーン
0.5cm=1段
40cm
仕上げ方
持ち手を内側にまつる
6cm
11cm
41cm
27cm
持ち手
(縁編み)グリーン
(模様編み)淡茶
1模様
1模様をくり返す
編み始め(くさり編み63目作り目)
※4、5段めは裏側を見て編む
(p.69参照)
=くさり編み
=こま編み
=引き抜き編み
=くさり編み2目のピコット
=くさり編み3目のピコット
=こま編み2目編み入れる
=こま編みのすじ編み2目編み入れる
=こま編みのすじ編み
=糸をつける
=糸を切る

編み方記号図

※こま編みのすじ編みの編み込みAはp.68参照（1段めでグリーンの糸をつけ、19段めまで編んだらグリーンの糸を切る。
20段めでピンクの糸をつけ、29段めまで編んだらピンクの糸を休める）。
編み込みBの1段めでグリーンの糸をつけ、4段めまで編んだらグリーンと淡茶の糸を休める。
縁編みは休めていた糸を裏側で渡し、それぞれ編む。

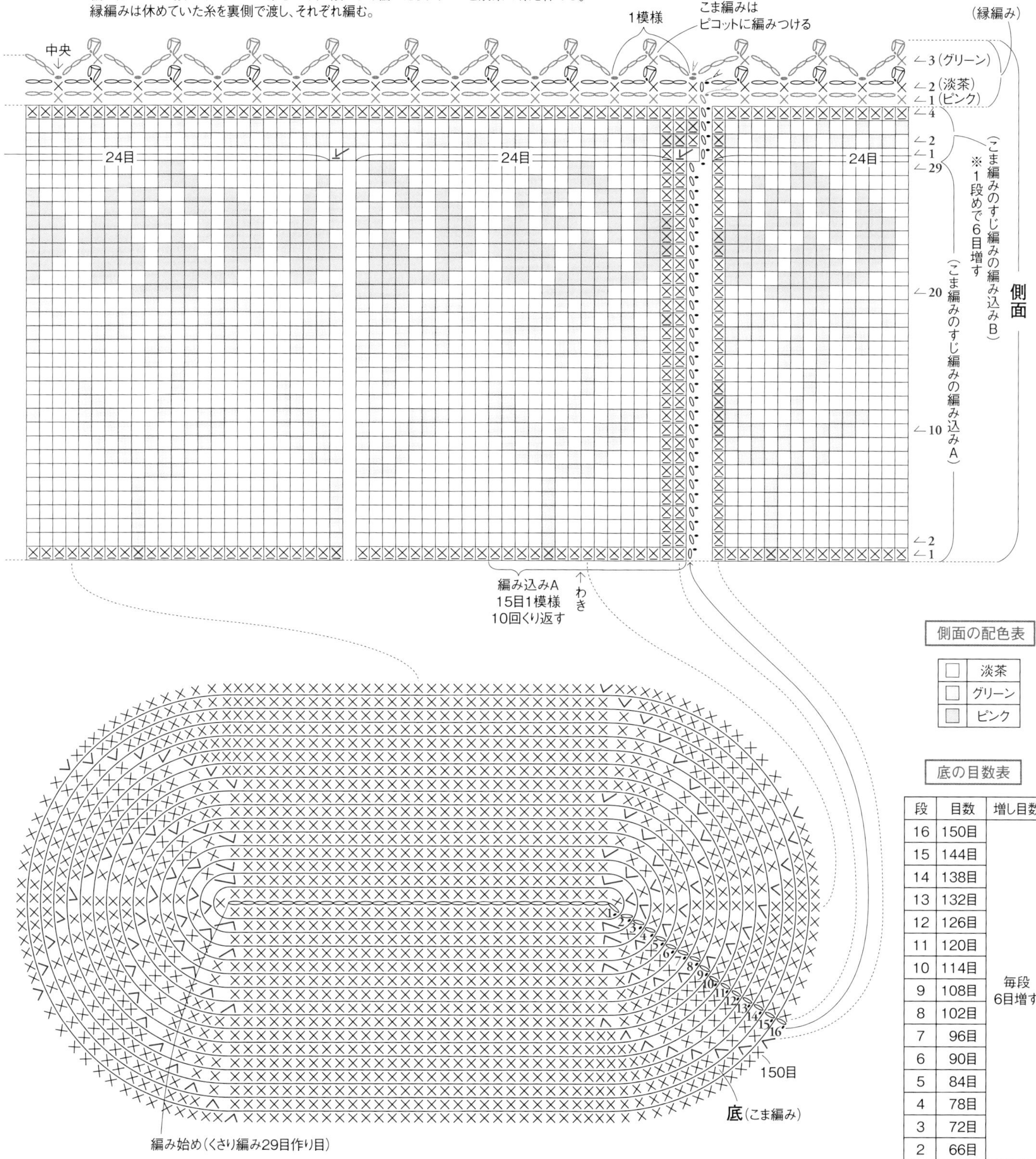

中央
1模様
こま編みはピコットに編みつける
（縁編み）
3（グリーン）
2（淡茶）
1（ピンク）
24目
24目
24目
（こま編みのすじ編みの編み込みB）
※1段めで6目増す
（こま編みのすじ編みの編み込みA）
側面
編み込みA
15目1模様
10回くり返す
わき

側面の配色表

□	淡茶
□	グリーン
■	ピンク

底の目数表

段	目数	増し目数
16	150目	毎段6目増す
15	144目	
14	138目	
13	132目	
12	126目	
11	120目	
10	114目	
9	108目	
8	102目	
7	96目	
6	90目	
5	84目	
4	78目	
3	72目	
2	66目	
1	60目編み入れる	

150目
底（こま編み）
編み始め（くさり編み29目作り目）

こま編みのすじ編みの編み込み A の編み方

※編まない糸を編み目の中に入れ、編みくるみながら進める編み方です。

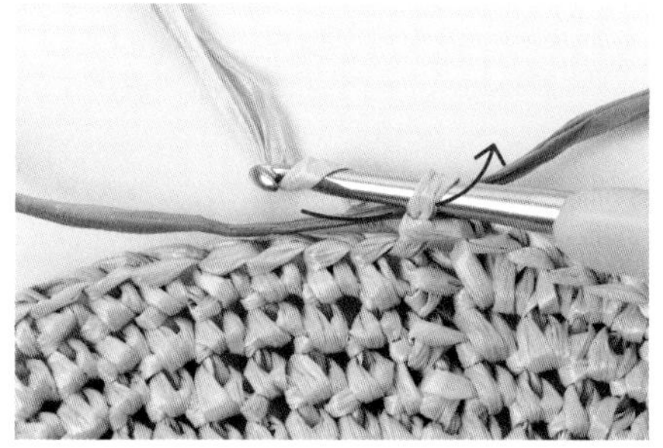

1 側面の1段め。立ち上がりのくさり編みを編むときに、グリーンの糸をはさむ。

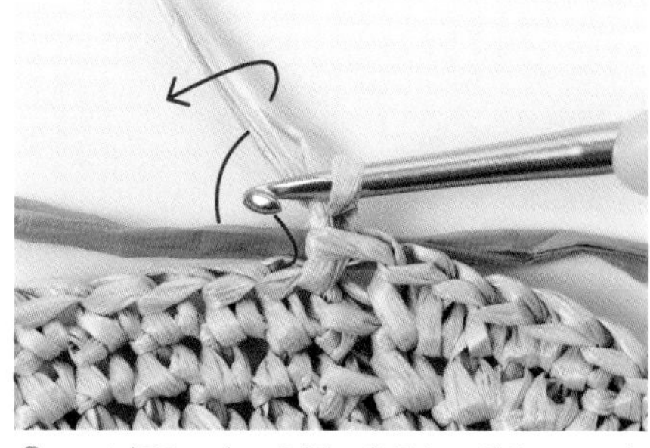

2 こま編みの向こう側の半目と、グリーンの糸をすくうように針を入れ、糸をかけて引き出す。

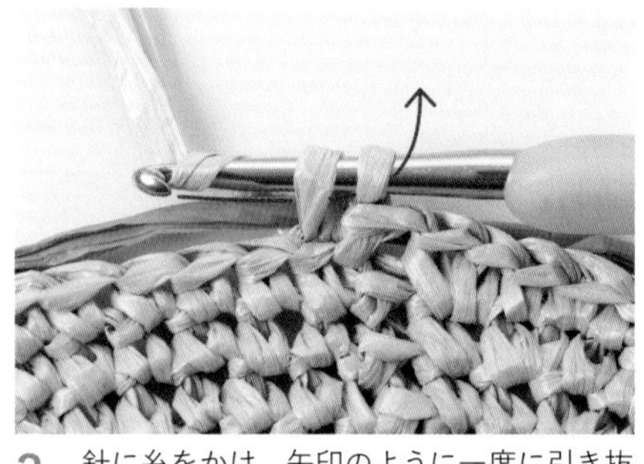

3 針に糸をかけ、矢印のように一度に引き抜く。

4 こま編みのすじ編みが編め、グリーンの糸が編みくるまれた。

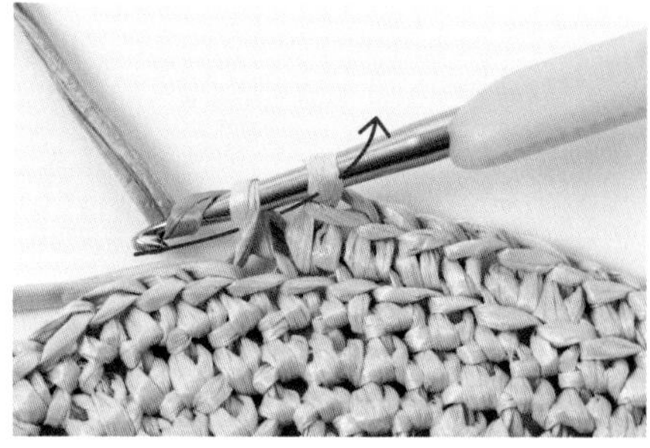

5 同様にこま編みのすじ編みを10目めの途中まで編み、グリーンの糸にかえて一度に引き抜く。

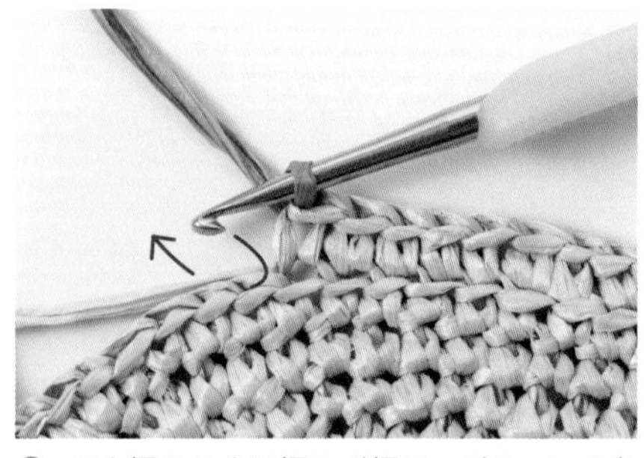

6 こま編みのすじ編みが編め、グリーンの糸にかわった。

7 11目めは淡茶の糸を編みくるみながらグリーンの糸で途中まで編み、淡茶の糸にかえて一度に引き抜く。

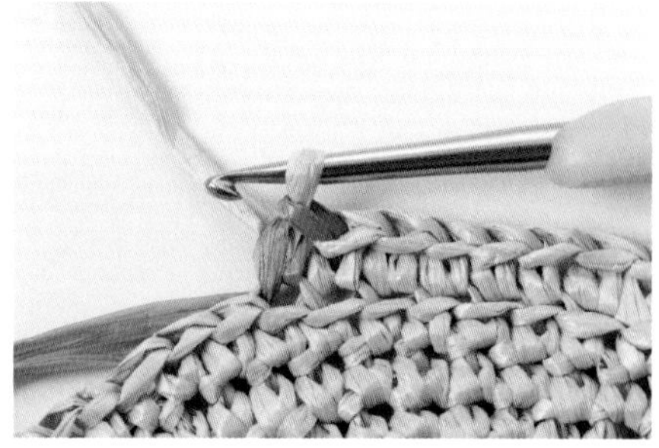

8 こま編みのすじ編みが編め、淡茶の糸にかわった。

9 p.67の記号図を参照して指定の位置で糸をかえながら編み、段の終わりはグリーンの糸をはさみながら引き抜き編みを編む。

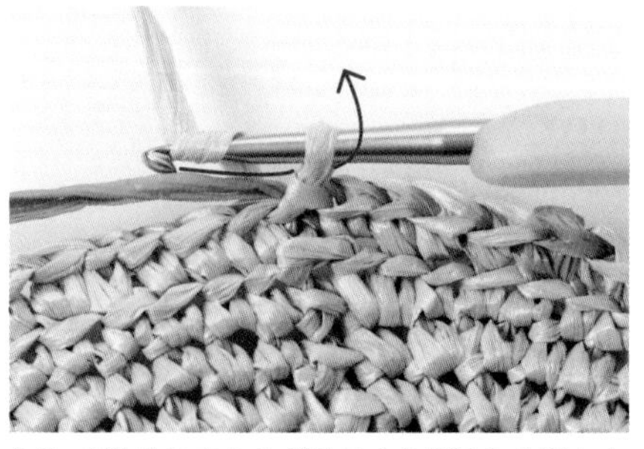

10 2段めの立ち上がりのくさり編みを編むときに、グリーンの糸をはさむ。

11 以降、淡茶の糸で編むときはグリーンの糸を編みくるみ、グリーンの糸で編むときは淡茶の糸を編みくるむ。

実際の編み地。ピンクの糸で編み込んだ部分もp.68と同様に、淡茶の糸で編むところはピンクの糸を編みくるみ、ピンクの糸で編むところは淡茶の糸を編みくるむ。

Q&A

斜行とは ....

輪に編み進めていくと編み目が少しずつ傾いていきます。これを「斜行」といいます。斜行の具合は編む人の手加減によって異なり、編みなれた人でも起きます。バッグの持ち手は編み上がった本体を二つ折りにして中央を決め、そこから持ち手をつける位置を決めてつけましょう。

持ち手の模様編み 4 ～ 5 段めの編み方

※わかりやすいように目数を減らしています。

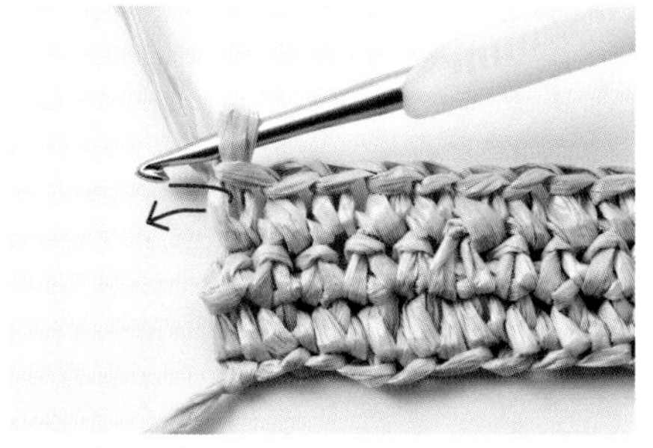

1 4段めを編む前に、3段めの左端のこま編みを割るように針を入れ、引き抜き編みを編む。

2 引き抜き編みが編めた。

（裏）

3 編み地を裏返し、2段めと3段めの間(●印のところ)に1目ずつ引き抜き編みを編む。

（裏）

4 同様に引き抜き編みを編む。

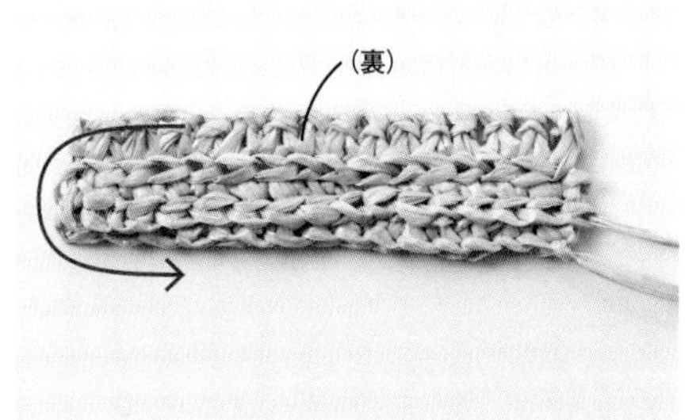
（裏）

5 左端まで編んだら、1と同様に2段めの左端の目に引き抜き編みを編み、1 ～ 2段めの間に引き抜き編みを編む。

6 5段めまで編めたら糸を切り、編み地を表に返す。

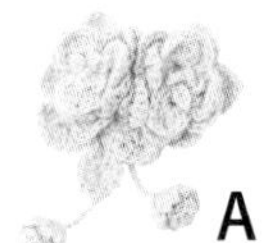

A

B

C

ブローチ ⇒写真 p.27

［でき上がりサイズ］
幅約7cm

［材料と用具］
糸　ハマナカ ウオッシュコットン《クロッシェ》
　A 生成り(102)11g
　B 淡黄緑(129)7g　淡茶(141)4g
　　からし色(104)2g
　C ピンク(113)、オレンジ色(139)、
　　黄緑(108)各4g　濃オレンジ(140)2g
　　からし色(104)1g
針　ハマナカアミアミ両かぎ針ラクラク3/0号

その他(1個分)　長さ3.5cmのブローチピン1個
　手縫い糸　手縫い針

［ゲージ］長編み　1段＝1cm

［編み方］糸は1本どり。
1 花A、実、土台は糸端を輪にする作り目(2回巻き)で指定の枚数を図のように編みます。
2 花芯は花Aの1段めに編みつけます。
3 花B、がく、葉はくさり編みで作り目し、指定の枚数を図のように編みます。
4 仕上げ方の①〜⑤の番号順に作ります。

編み方記号図

花A
A 2枚
B 淡茶 2枚
C ピンク、オレンジ色 各1枚

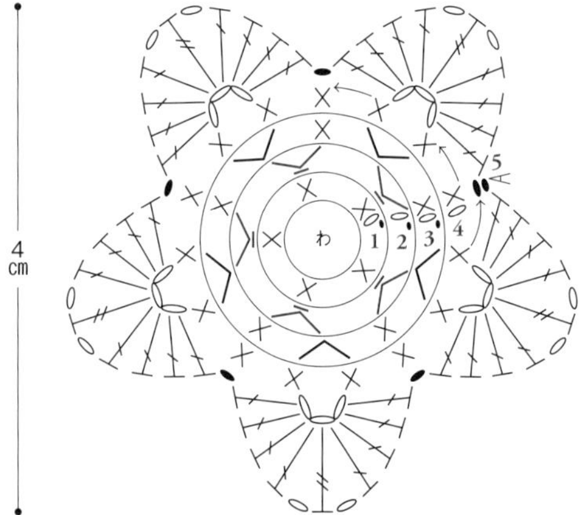

4cm
わ
1
2
3
4
5

花B
A 2枚
B 淡茶 2枚
C ピンク、オレンジ色 各1枚

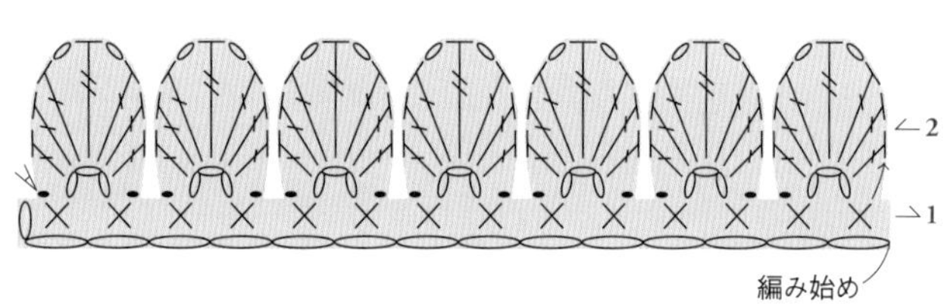

2
1
編み始め
くさり編み14目作り目

花芯
A 2枚
B、C からし色 2枚

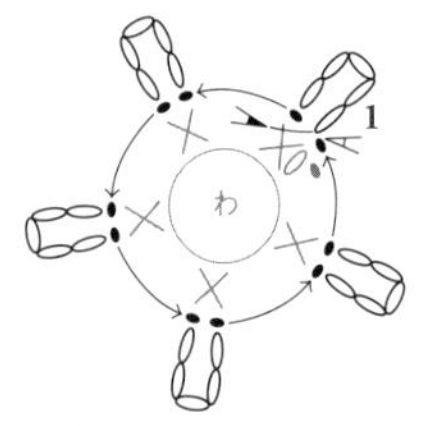

わ
1

※花Aの2段めのすじ編みで残った手前の半目に編む(p.107の本体の飾りの編み方を参考にする)

実
A 2個
B からし色 2個
C 濃オレンジ 2個

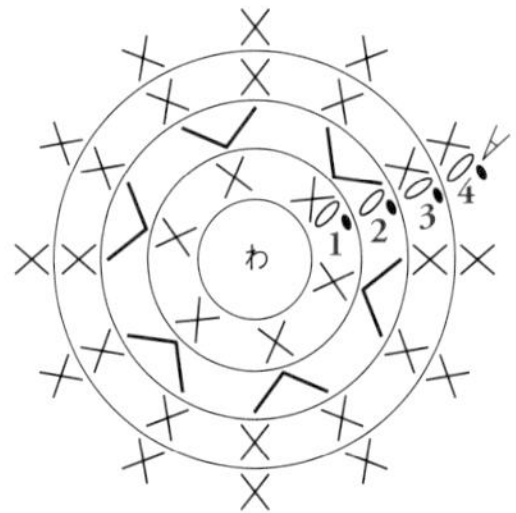

わ
1
2
3
4

※中に糸くずを入れ、最終段の目に糸を通してしぼる

がく
A 2枚
B 淡黄緑 2枚
C 黄緑 2枚

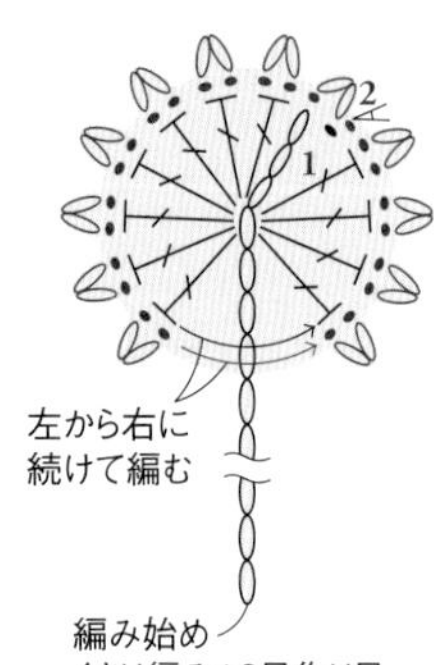

1
2
左から右に続けて編む

編み始め
くさり編み10目作り目
(もう1本は16目)

〇〇＝くさり編み
××＝こま編み
＝中長編み
＝長編み
＝長々編み
＝くさり編み2目のピコット(p.71の葉)
●●＝引き抜き編み
＝こま編み2目編み入れる
＝こま編みのすじ編み2目編み入れる
＝糸をつける
＝糸を切る

土台

A 1枚
B 淡茶 1枚
C 黄緑 1枚

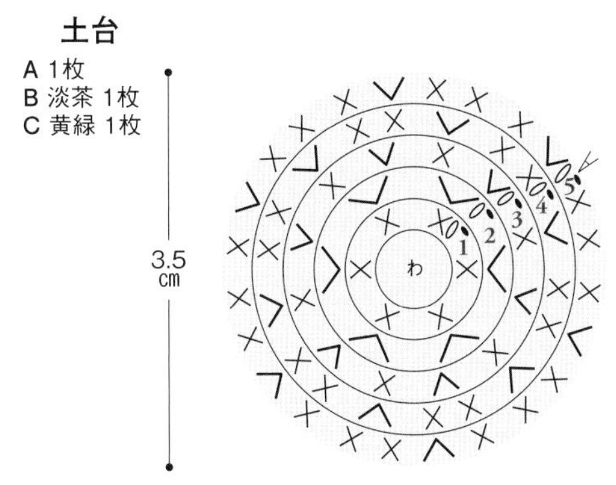
3.5cm
わ

葉

A 1枚
B 淡黄緑 1枚
C 黄緑 1枚

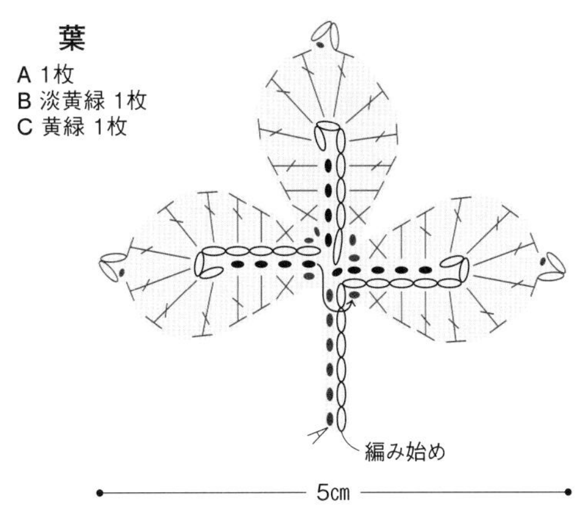
編み始め
5cm

仕上げ方

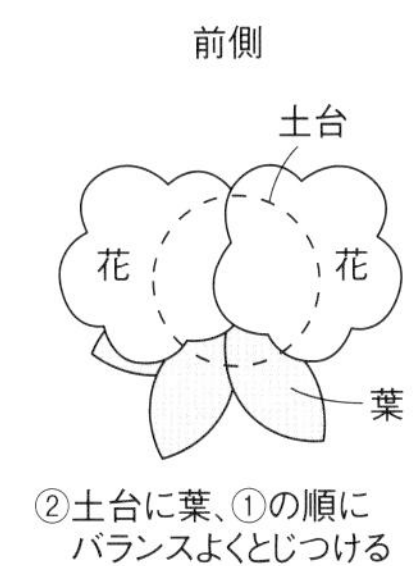
前側
土台
花
花
葉

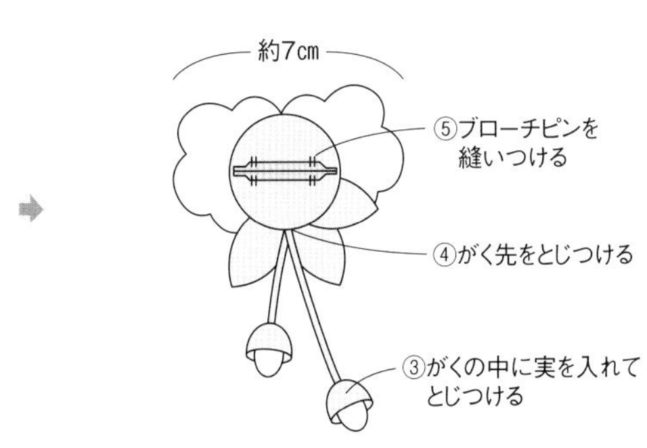
後ろ側
約7cm
⑤ブローチピンを縫いつける
④がく先をとじつける
③がくの中に実を入れてとじつける

①花Bの作り目を花芯のまわりにぐるりととじつける(2組作る)

②土台に葉、①の順にバランスよくとじつける

 の編み方(前々段に針を入れ、前段を編みくるむ)

※p.86 ショルダーバッグの模様編みで編む記号です。まちで解説しています。

まちの2段め

1 前々段(作り目)のくさり編みの裏山に針を入れる。

2 糸をかけて2段めの高さに引き出し、さらに針に糸をかけて一度に引き抜く。

3 こま編みが編め、前段(1段め)のくさり編みが編みくるまれた。

まちの3段め

1 前々段(1段め)のこま編みの頭に針を入れる。

2 糸をかけて3段めの高さに引き出し、さらに針に糸をかけて一度に引き抜く。

3 こま編みが編め、前段(2段め)のくさり編みが編みくるまれた。4段め以降も3段めと同様にする。

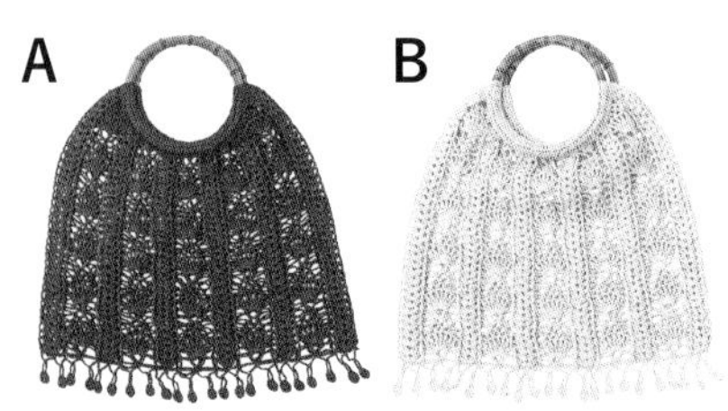
A
B

パイナップル模様のバッグ

⇒写真 p.28・29

［でき上がりサイズ］
底幅35㎝　深さ25㎝

［材料と用具］
糸　ハマナカ エコアンダリヤ《クロッシェ》
A こげ茶(804)90g　**B** 生成り(801)90g
針　ハマナカアミアミ両かぎ針ラクラク4/0号
その他(1個分)
ハマナカ竹型ハンドル　丸型(中)ナチュラル
(H210-623-1／直径約14㎝、太さ約10㎜)1組

［ゲージ］模様編みA
1模様＝6.5㎝、1模様(6段)＝5㎝

［編み方］糸は1本どり。
1 側面はくさり編みで作り目して引き抜き編みで輪にし、模様編みAであき止まりまで編んだら入れ口はそれぞれ往復に編みます。
2 持ち手まわりを模様編みBで編みます。
3 側面をわきで半分に折って重ね、縁編みを編みながら底をとじます。
4 ハンドルを持ち手まわりでくるみ、まつります。

ハンドル

この作品の持ち手は市販の丸いハンドルを使い、既製品のような仕上がりに。ハンドルに編み地をくるんでつけているので、作り方も簡単です。

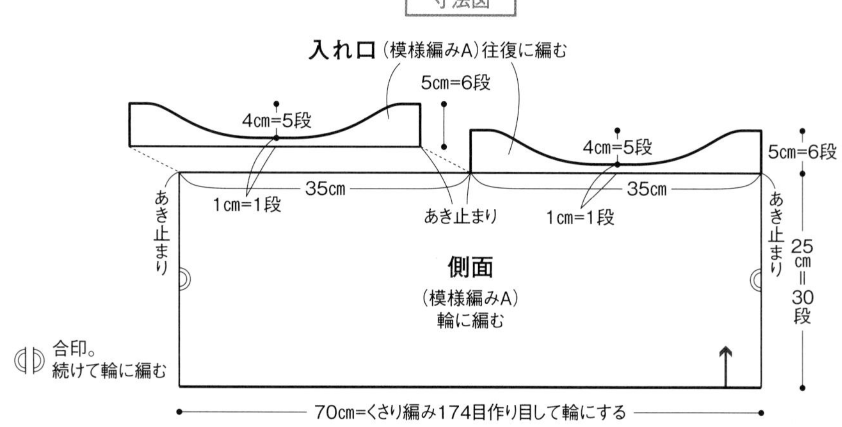
寸法図
入れ口(模様編みA)往復に編む
5cm=6段
4cm=5段
4cm=5段
5cm=6段
35cm
35cm
1cm=1段
あき止まり
1cm=1段
あき止まり
あき止まり
25cm＝30段
側面
(模様編みA)
輪に編む
合印。
続けて輪に編む
70cm=くさり編み174目作り目して輪にする

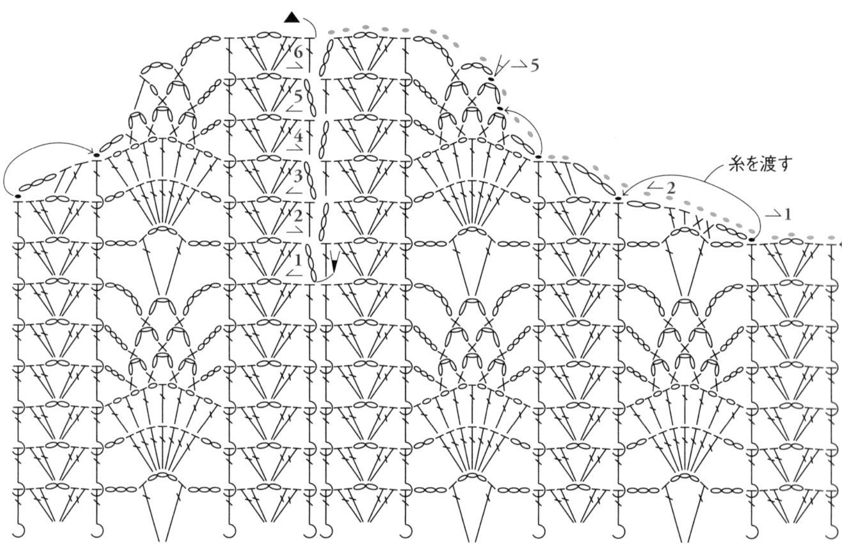
糸を渡す
6
5
4
3
2
1

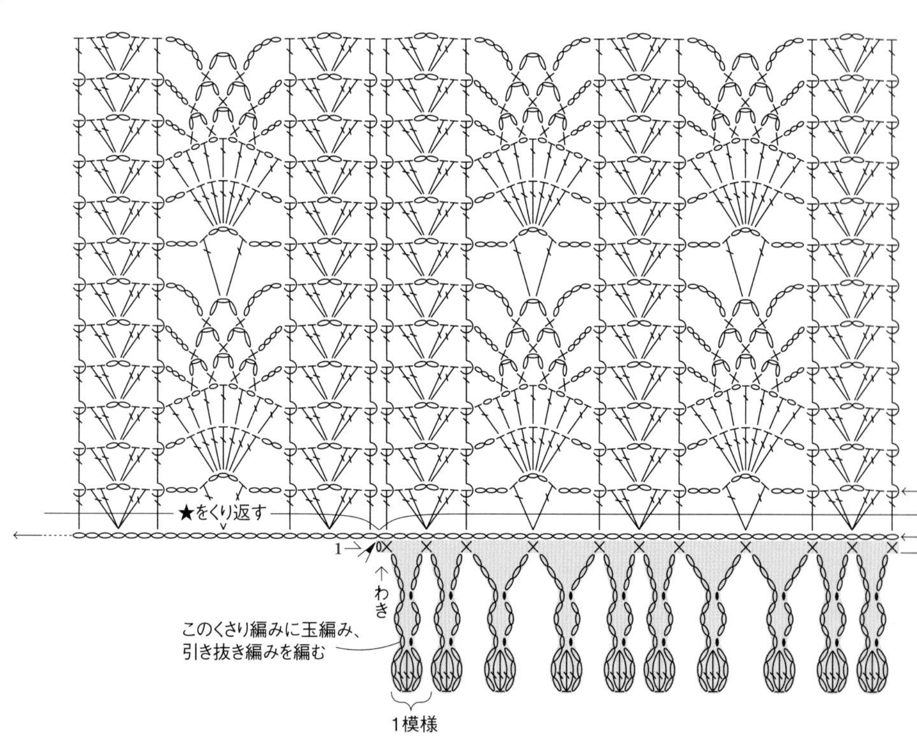
★をくり返す
わき
このくさり編みに玉編み、
引き抜き編みを編む
1模様

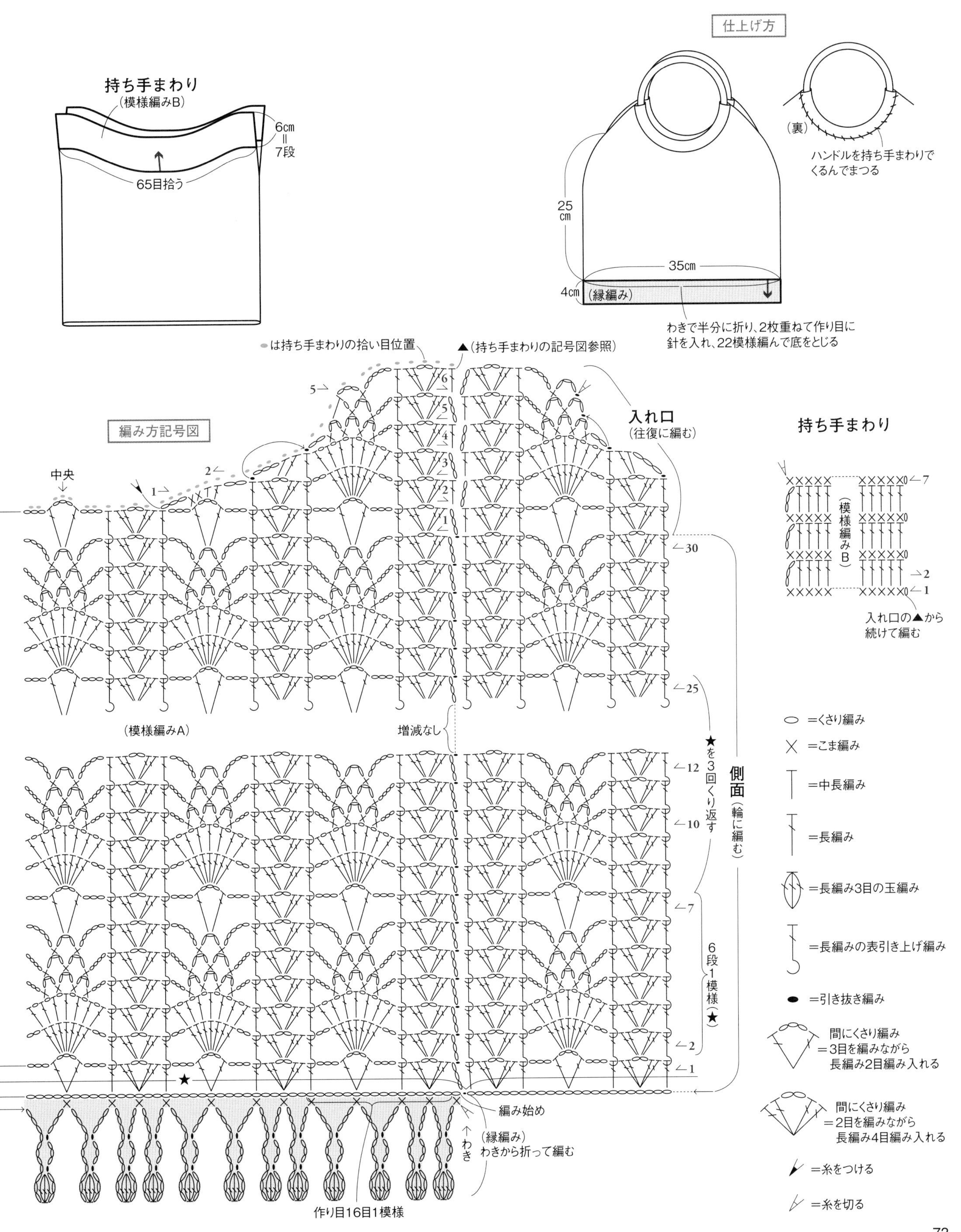

仕上げ方
持ち手まわり
(模様編みB)
6cm
＝
7段
65目拾う
(裏)
ハンドルを持ち手まわりで
くるんでまつる
25cm
35cm
4cm
(縁編み)
わきで半分に折り、2枚重ねて作り目に
針を入れ、22模様編んで底をとじる
●は持ち手まわりの拾い目位置
▲(持ち手まわりの記号図参照)
編み方記号図
入れ口
(往復に編む)
持ち手まわり
(模様編みB)
入れ口の▲から
続けて編む
中央
(模様編みA)
増減なし
★を3回くり返す
側面(輪に編む)
6段1模様(★)
編み始め
わき
(縁編み)
わきから折って編む
作り目16目1模様
＝くさり編み
＝こま編み
＝中長編み
＝長編み
＝長編み3目の玉編み
＝長編みの表引き上げ編み
＝引き抜き編み
間にくさり編み
＝3目を編みながら
長編み2目編み入れる
間にくさり編み
＝2目を編みながら
長編み4目編み入れる
＝糸をつける
＝糸を切る

巾着 ⇒写真 p.30・31

［でき上がりサイズ］
底の直径15cm　深さ21cm

［材料と用具］
糸　ハマナカ フラックスK
　グリーン(207)150g
針　ハマナカアミアミ両かぎ針
　ラクラク5/0号
その他　厚紙

［ゲージ］
こま編み　18段＝7.5cm
模様編みA　2模様＝9.5cm、18段＝11.5cm
模様編みB　21目＝10cm、8段＝9.5cm

［編み方］糸は1本どり。
1 底は糸端を輪にする作り目(2回巻き)でこま編みを図のように編みます。
2 続けて側面を模様編みA、B、入れ口を縁編みで編みます。
3 ひもはくさり編みで8本編み、4本ずつ四つ組みにします。
4 四つ組みを入れ口に通し、輪にしながらタッセルを作ります。

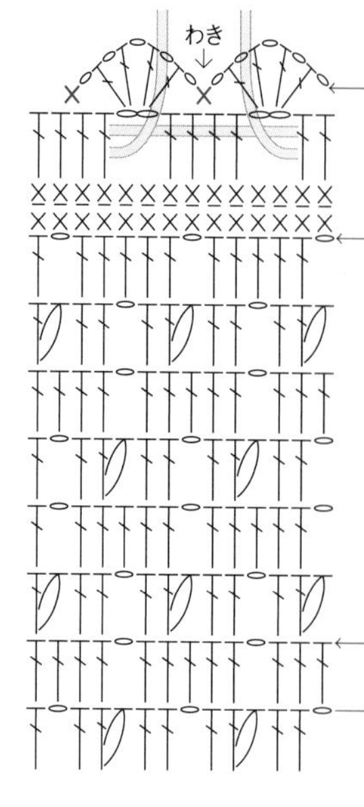
わき

寸法図

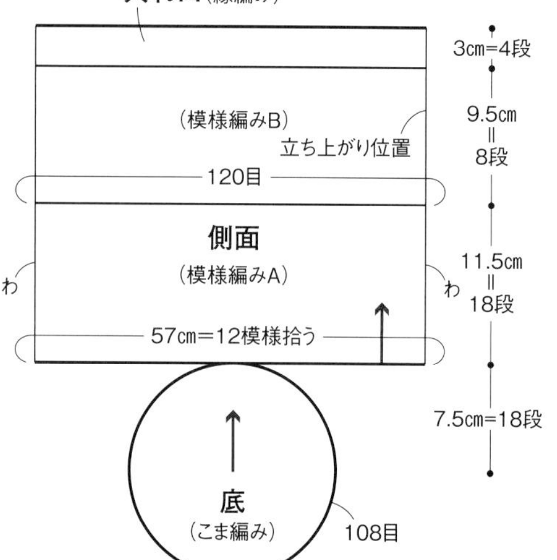
入れ口(縁編み)
3cm=4段
(模様編みB)
立ち上がり位置
9.5cm
॥
8段
120目
側面
(模様編みA)
わ
わ
11.5cm
॥
18段
57cm=12模様拾う
7.5cm=18段
底
(こま編み)
108目

仕上げ方

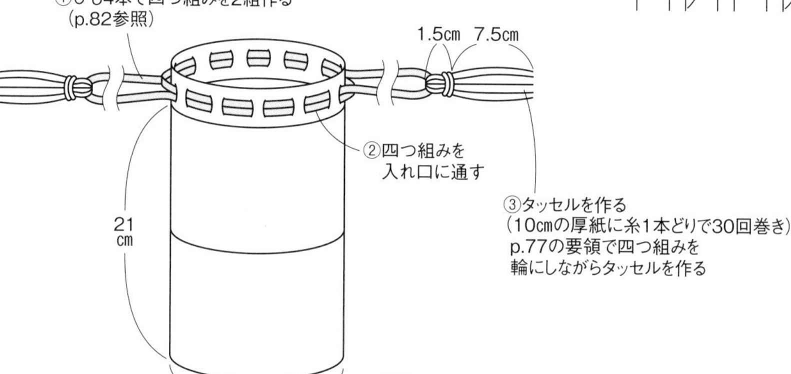
①ひも4本で四つ組みを2組作る
(p.82参照)
1.5cm 7.5cm
②四つ組みを
入れ口に通す
③タッセルを作る
(10cmの厚紙に糸1本どりで30回巻き)
p.77の要領で四つ組みを
輪にしながらタッセルを作る
21
cm
15cm

ひも 8本
(くさり編み)

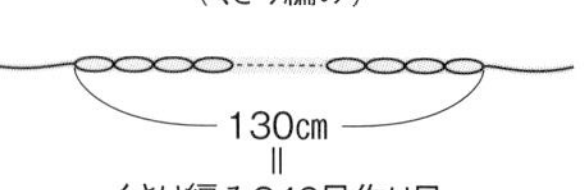
130cm
॥
くさり編み240目作り目
(糸端15cmずつ残す)

底の目数表

段	目数	増し目数
18	108目	毎段6目増す
17	102目	
16	96目	
15	90目	
14	84目	
13	78目	
12	72目	
11	66目	
10	60目	
9	54目	
8	48目	
7	42目	
6	36目	
5	30目	
4	24目	
3	18目	
2	12目	
1	6目編み入れる	

ひもとタッセル

くさり編み4本を四つ組みして作ったひもはタッセルのところで輪にしています。四つ組みは編み目がつぶれないように作ると仕上がりがきれいです。

編み方記号図

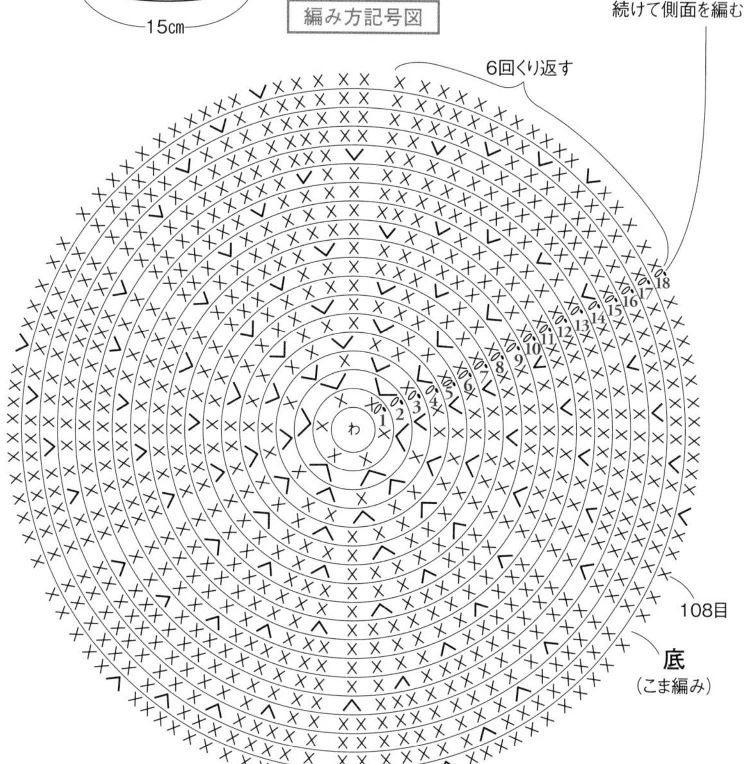
続けて側面を編む
6回くり返す
わ
108目
底
(こま編み)

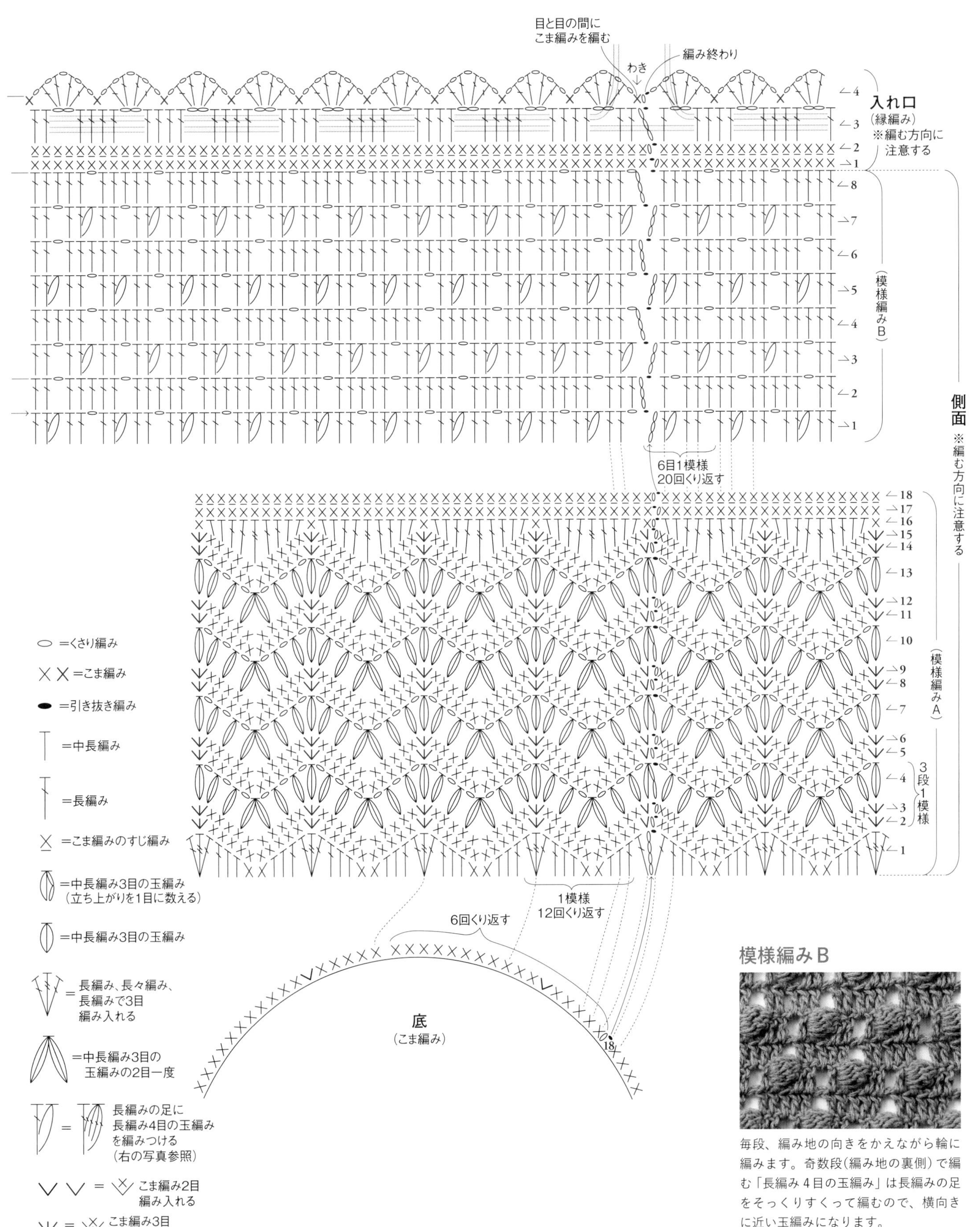
目と目の間に
こま編みを編む
わき
編み終わり
入れ口
(縁編み)
※編む方向に
注意する
(模様編みB)
側面
※編む方向に注意する
6目1模様
20回くり返す
(模様編みA)
3段1模様
1模様
12回くり返す
6回くり返す
底
(こま編み)
=くさり編み
=こま編み
=引き抜き編み
=中長編み
=長編み
=こま編みのすじ編み
=中長編み3目の玉編み
(立ち上がりを1目に数える)
=中長編み3目の玉編み
=長編み、長々編み、
長編みで3目
編み入れる
=中長編み3目の
玉編みの2目一度
長編みの足に
長編み4目の玉編み
を編みつける
(右の写真参照)
こま編み2目
編み入れる
こま編み3目
編み入れる
模様編みB

毎段、編み地の向きをかえながら輪に編みます。奇数段(編み地の裏側)で編む「長編み4目の玉編み」は長編みの足をそっくりすくって編むので、横向きに近い玉編みになります。

A　B　C　D　E　F

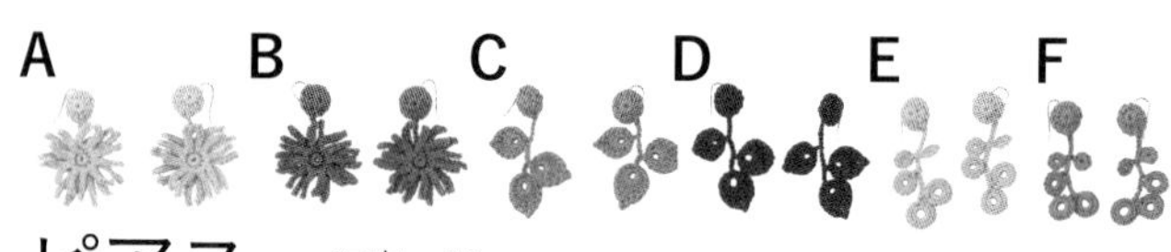

ピアス

⇒写真 p.32

［でき上がりサイズ］図参照

［材料と用具］

糸　ハマナカ ウオッシュコットン《クロッシェ》

A ライトグレー(132)4g

B 濃オレンジ(140)4g

C エメラルドグリーン(142)3g

D 赤(145)3g

E からし色(104)2g

F ターコイズブルー(144)2g

針　ハマナカアミアミ両かぎ針ラクラク3/0号

その他(1個分)　ピアス金具1組　直径6㎜の丸カン2個　平ペンチ

［ゲージ］くさり編み　5目＝約1㎝

［編み方］糸は1本どり。

1 飾りは糸端を輪にする作り目(2回巻き)で指定の枚数を図のように編みます。

2 編み玉も同様に作り目して指定の枚数を図のように編み、裏を表にして作ります。

3 仕上げ方の①〜③の番号順に作ります。

編み方記号図

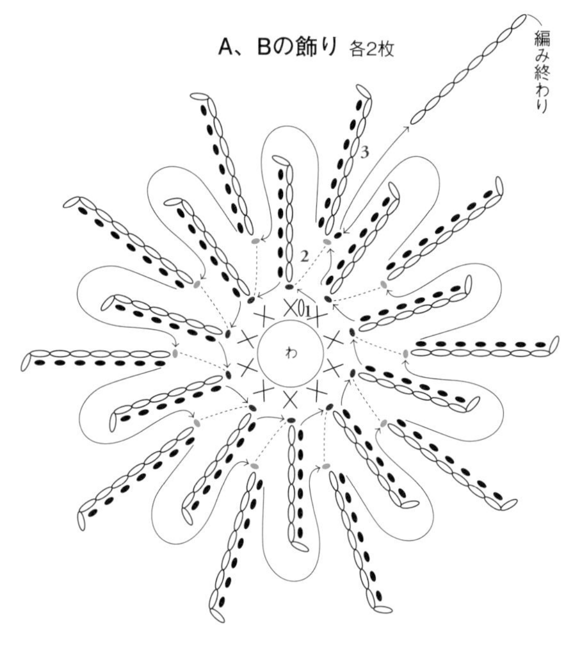

A、Bの飾り 各2枚
編み終わり
1
2
3
わ

● ＝1段めの頭の半目(手前)に引き抜き編み

● ＝1段めの頭の半目(向こう側)に引き抜き編み

A〜Fの編み玉 各2個

※裏を表にし、最終段に糸を通し、中に糸くずを入れてしぼる

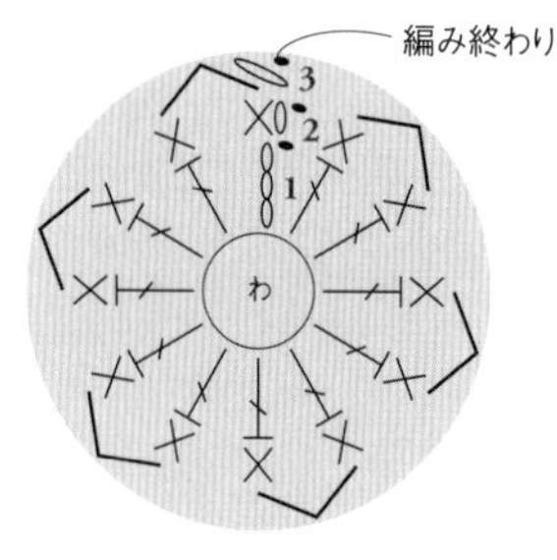

編み終わり
1
2
3
わ

C、Dの飾り 各2枚

※①〜③の順に編む

編み終わり

①

②

③

わ

E、Fの飾り 各2枚

※①〜⑤の順に編む

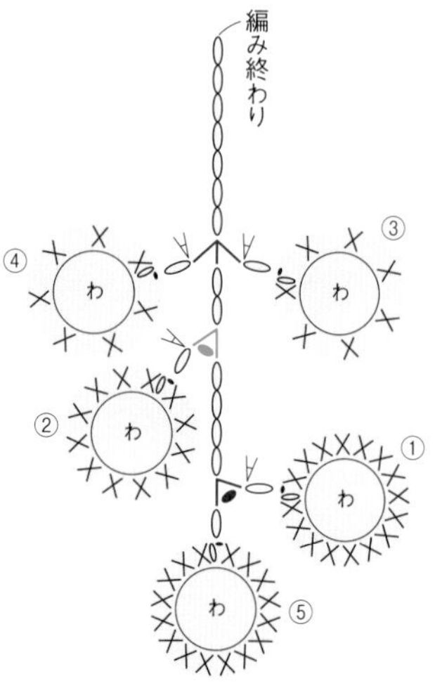

編み終わり
①
②
③
④
⑤
わ

○ ＝くさり編み

✕ ＝こま編み

T ＝中長編み

＝長編み

＝長々編み

＝くさり編み3目のピコット

● ＝引き抜き編み

∧ ＝ こま編み2目一度

＝糸を切る

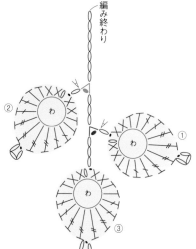

＝③を編んでいるときに①の最後のくさり編みに針を入れ、2目一度に引き抜く

＝③を編んでいるときに②の最後のくさり編みに針を入れ、2目一度に引き抜く

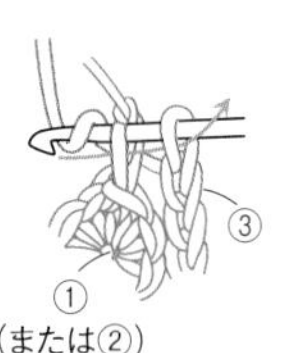

③
①
(または②)

＝C、Dと同様

＝ 左のイラスト図の要領で⑤を編んでいるときに③と④の最後のくさり編みに針を入れ、3目一度に引き抜く

仕上げ方

A、B

②丸カンにピアス金具をつける

③丸カンを編み地に通してとじる

①飾りの編み終わりを編み玉にとじつける

5.5cm

（裏）

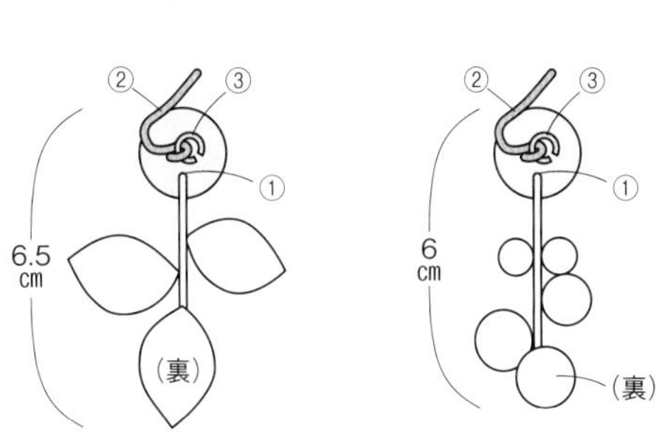

C、D
E、F
②
③
①
6.5 cm
（裏）
6 cm

※C、D、E、FはA、Bと同様

タッセルの作り方

※p.106 半円ポーチのファスナーのつまみにつける飾りです。

※p.74 のタッセルは指定の寸法、巻き数で作ります。
3 で四つ組みの糸端を厚紙に巻いた糸の輪に通して結んで輪にし、結び目を中にかくします。あとは 6 ～ 9 のように作ります。

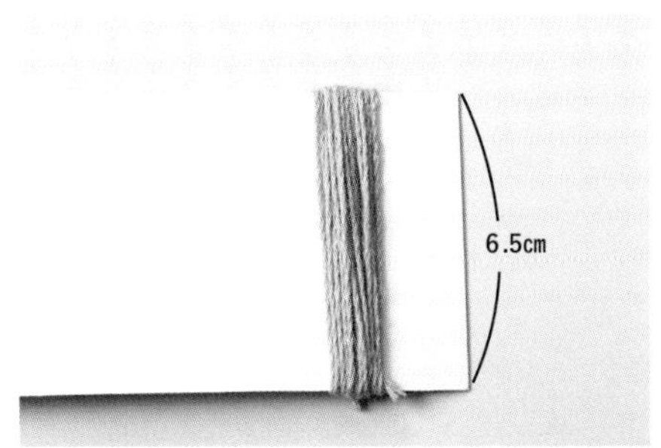

6.5cm

1 幅6.5cmの厚紙に、糸1本どりで 20回巻いて切る。

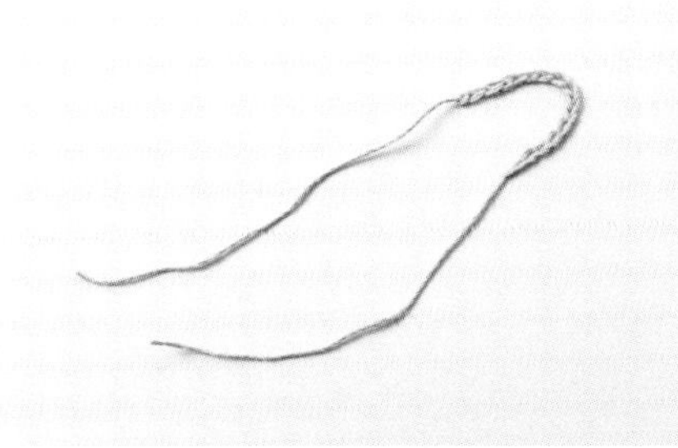

2 くさり編みで編んだひもを用意する。

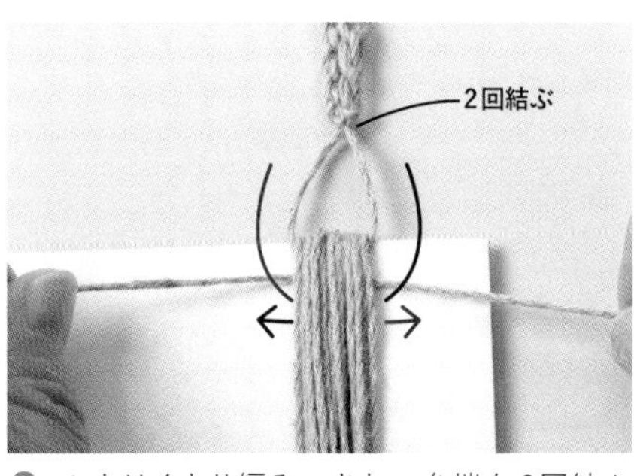

2回結ぶ

3 ひもはくさり編みのきわで糸端を 2回結んで輪にし、巻いた糸の輪に糸端を通す。

4 糸端をもう 1回巻いた糸の輪に通し、輪の上で 2回結ぶ。

5 ひもの糸端はそのままにする。

6 糸の輪を下側で切る。

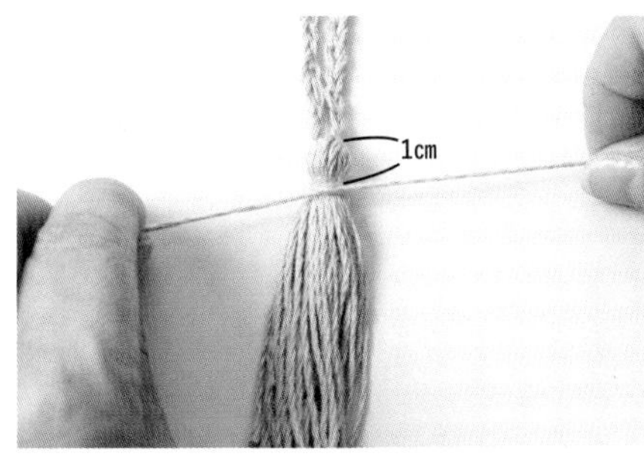

1cm

7 新しく長さ約15cmの糸を用意し、4の結び目から 1cm下のところを 2 ～ 3周巻いて 2回結ぶ。

8 7の糸端をとじ針に通し、巻いた糸の内側に通す。

5cm

9 端を切りそろえる。

リボンつきショルダーバッグ

⇒写真 p.33

［でき上がりサイズ］

幅36cm　深さ29cm

［材料と用具］

糸　ハマナカ エコアンダリヤ

黒(30)100g　グレー(148)75g

針　ハマナカアミアミ両かぎ針ラクラク6/0号

［ゲージ］

模様編みAのしま　18目×11段＝10cm角

模様編みB　18目×10段＝10cm角

模様編みC　17目＝9.5cm、6.7段＝10cm

［編み方］糸は1本どり。

1 後ろ側と前側はくさり編みで作り目し、模様編みAのしま、模様編みBで図のように編みます。

2 さげ手、リボン、リボン止めも同様に作り目し、図のように編みます。

3 仕上げ方の①〜⑥の番号順に作ります。

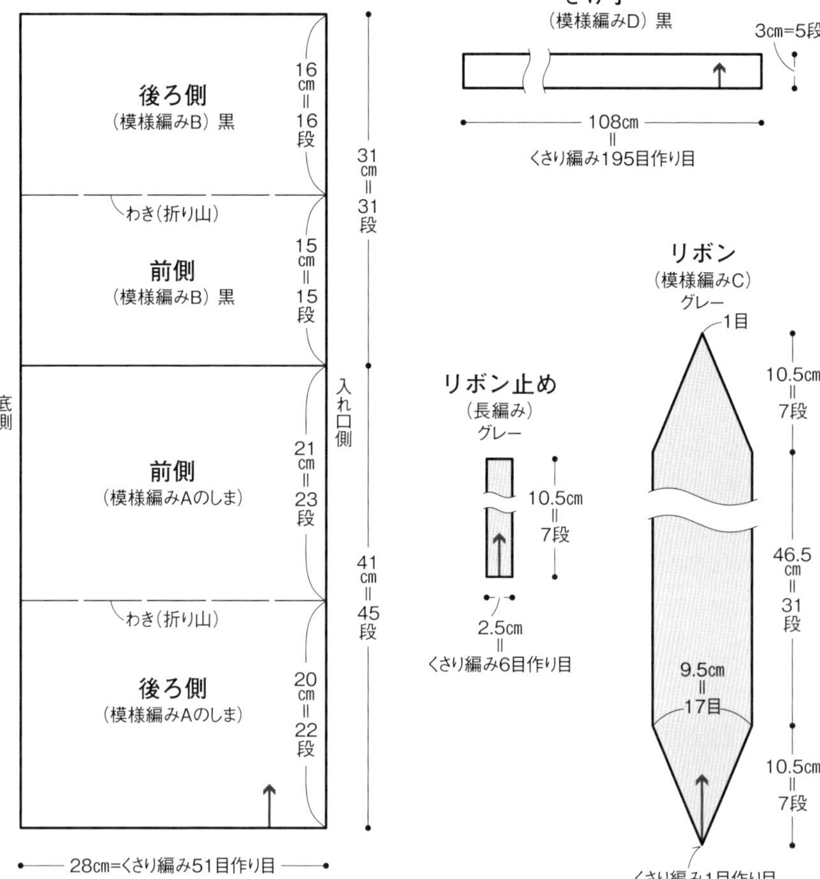
寸法図
後ろ側
（模様編みB）黒
16cm＝16段
わき（折り山）
前側
（模様編みB）黒
15cm＝15段
31cm＝31段
底側
入れ口側
前側
（模様編みAのしま）
21cm＝23段
41cm＝45段
わき（折り山）
後ろ側
（模様編みAのしま）
20cm＝22段
28cm=くさり編み51目作り目
さげ手
（模様編みD）黒
3cm=5段
108cm＝くさり編み195目作り目
リボン
（模様編みC）
グレー
1目
10.5cm＝7段
46.5cm＝31段
9.5cm＝17目
10.5cm＝7段
くさり編み1目作り目
リボン止め
（長編み）
グレー
10.5cm＝7段
2.5cm＝くさり編み6目作り目

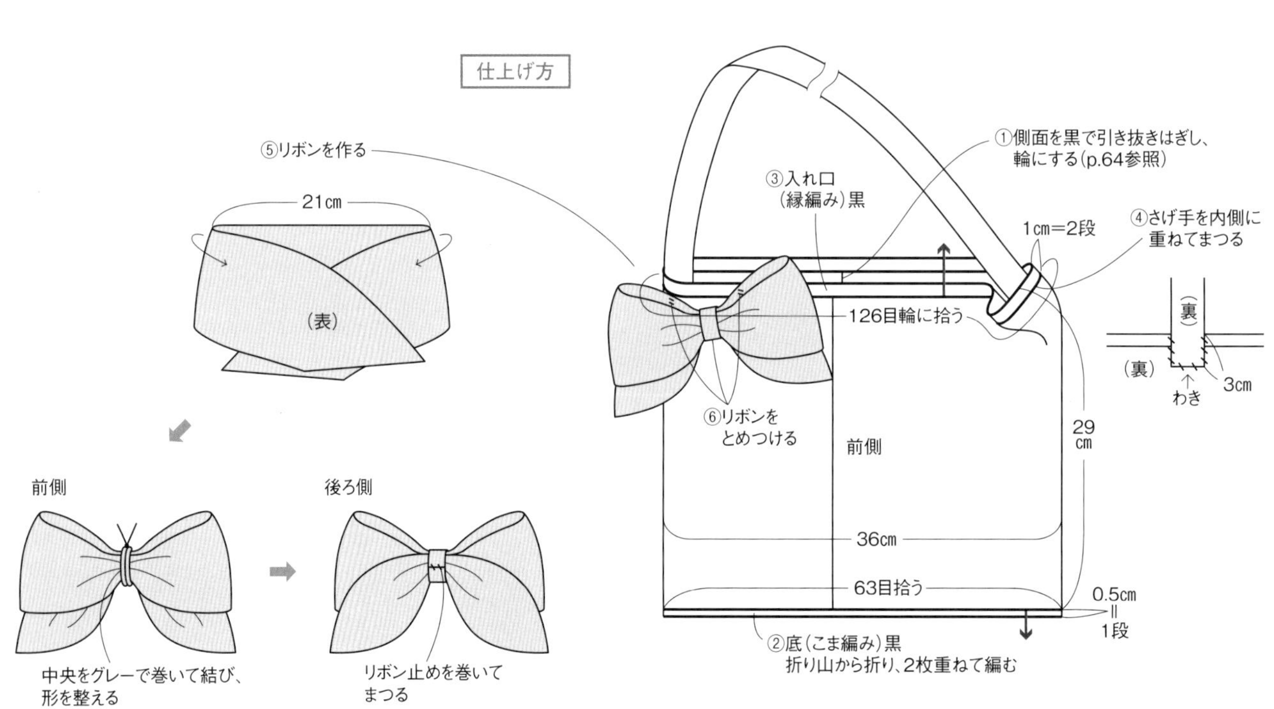
仕上げ方
⑤リボンを作る
21cm
（表）
前側
後ろ側
中央をグレーで巻いて結び、
形を整える
リボン止めを巻いて
まつる
①側面を黒で引き抜きはぎし、
輪にする(p.64参照)
③入れ口
（縁編み）黒
1cm=2段
④さげ手を内側に
重ねてまつる
126目輪に拾う
（裏）
（裏）
わき
3cm
⑥リボンを
とめつける
前側
29cm
36cm
63目拾う
0.5cm＝1段
②底（こま編み）黒
折り山から折り、2枚重ねて編む

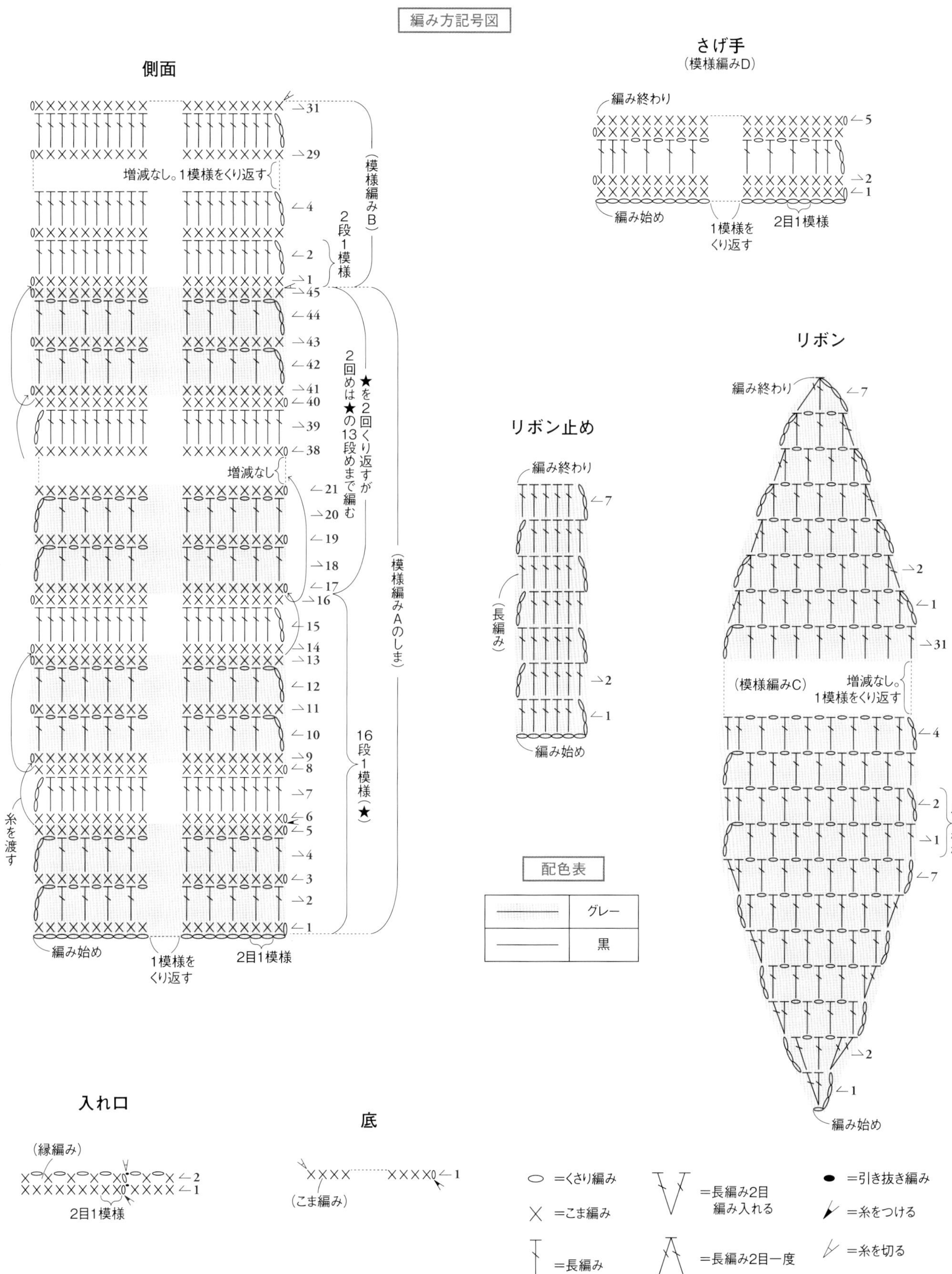

編み方記号図
側面
増減なし。1模様をくり返す
(模様編みB)
2段1模様
★を2回くり返すが2回めは★の13段めまで編む
増減なし
(模様編みAのしま)
16段1模様(★)
糸を渡す
編み始め
1模様をくり返す
2目1模様
さげ手
(模様編みD)
編み終わり
編み始め
1模様をくり返す
2目1模様
リボン
編み終わり
(模様編みC)
増減なし。1模様をくり返す
2段1模様
編み始め
リボン止め
編み終わり
(長編み)
編み始め
配色表
グレー
黒
入れ口
(縁編み)
2目1模様
底
(こま編み)
=くさり編み
=こま編み
=長編み
=長編み2目編み入れる
=長編み2目一度
=引き抜き編み
=糸をつける
=糸を切る

ハンドバッグ

⇒写真 p.34・35

［でき上がりサイズ］
底幅23cm　まち7cm　深さ約17cm

［材料と用具］
糸　ハマナカ エコアンダリヤ
メタリックグリーン(183)75g
黒(30)50g
アンティークグレー(173)35g

針　ハマナカアミアミ両かぎ針
ラクラク5/0号

その他　ハマナカバッグ用口金・アンティーク(H207-009／ヨコ約20cm×タテ約11.5cm)1個
テグス　手縫い針

［ゲージ］
模様編み　1模様＝4.3cm、4段＝4cm

［編み方］糸は1本どり。

1 側面はくさり編みで作り目して引き抜き編みで輪にし、こま編み、模様編みのしまA、縁飾りを図のように編みます。

2 底は同様に作り目して輪にし、こま編み、模様編みのしまB、縁飾りを図のように編みます。

3 持ち手はくさり編みで作り目し、模様編みで編みます。

4 持ち手を二つ折りにし、持ち手まわりを編みます。

5 仕上げ方の①～⑥の番号順に作ります。

寸法図

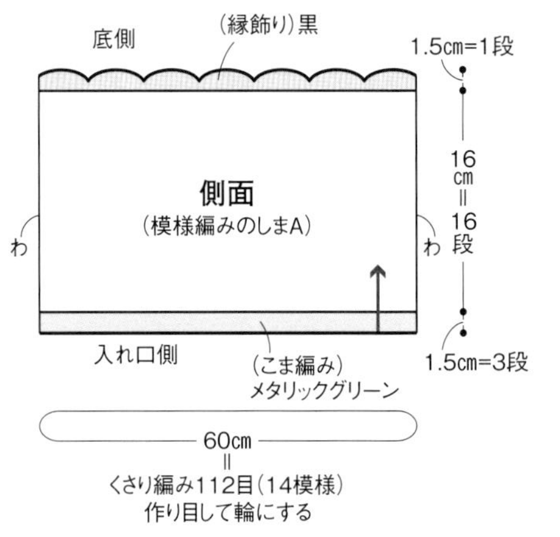
底側
(縁飾り)黒
1.5cm=1段
側面
(模様編みのしまA)
わ
わ
16cm=16段
入れ口側
(こま編み)
メタリックグリーン
1.5cm=3段
60cm
=
くさり編み112目(14模様)
作り目して輪にする

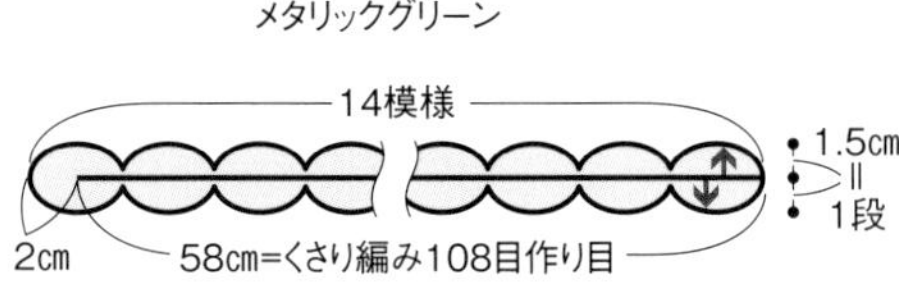
持ち手(模様編み)
メタリックグリーン
14模様
1.5cm=1段
2cm
58cm=くさり編み108目作り目

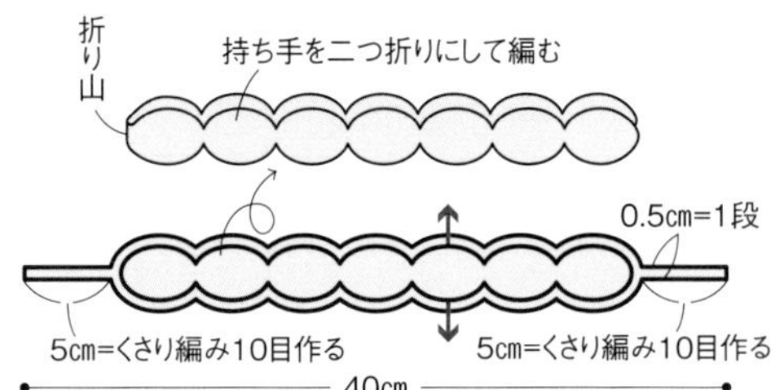
持ち手まわり
メタリックグリーン
折り山
持ち手を二つ折りにして編む
0.5cm=1段
5cm=くさり編み10目作る
5cm=くさり編み10目作る
40cm

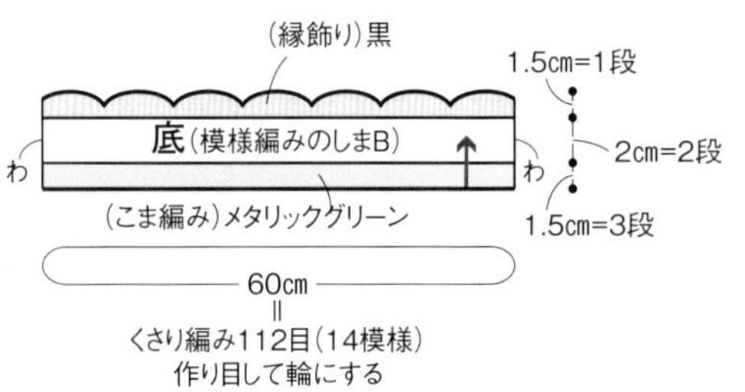
(縁飾り)黒
1.5cm=1段
底(模様編みのしまB)
わ
わ
2cm=2段
(こま編み)メタリックグリーン
1.5cm=3段
60cm
=
くさり編み112目(14模様)
作り目して輪にする

仕上げ方

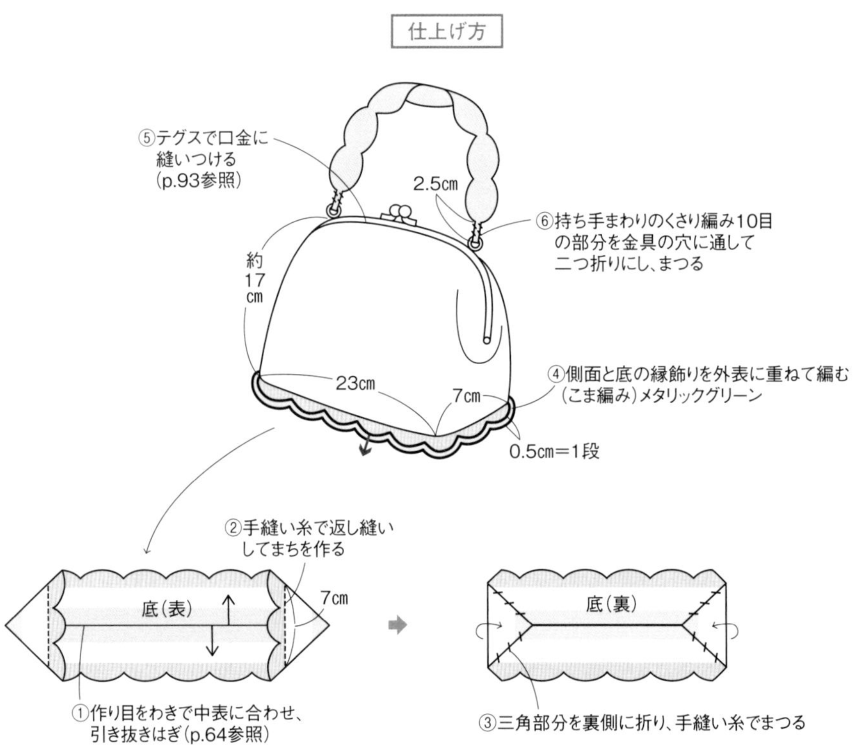
⑤テグスで口金に
縫いつける
(p.93参照)
2.5cm
⑥持ち手まわりのくさり編み10目
の部分を金具の穴に通して
二つ折りにし、まつる
約17cm
23cm
7cm
④側面と底の縁飾りを外表に重ねて編む
(こま編み)メタリックグリーン
0.5cm=1段
②手縫い糸で返し縫い
してまちを作る
7cm
底(表)
底(裏)
①作り目をわきで中表に合わせ、
引き抜きはぎ(p.64参照)
③三角部分を裏側に折り、手縫い糸でまつる

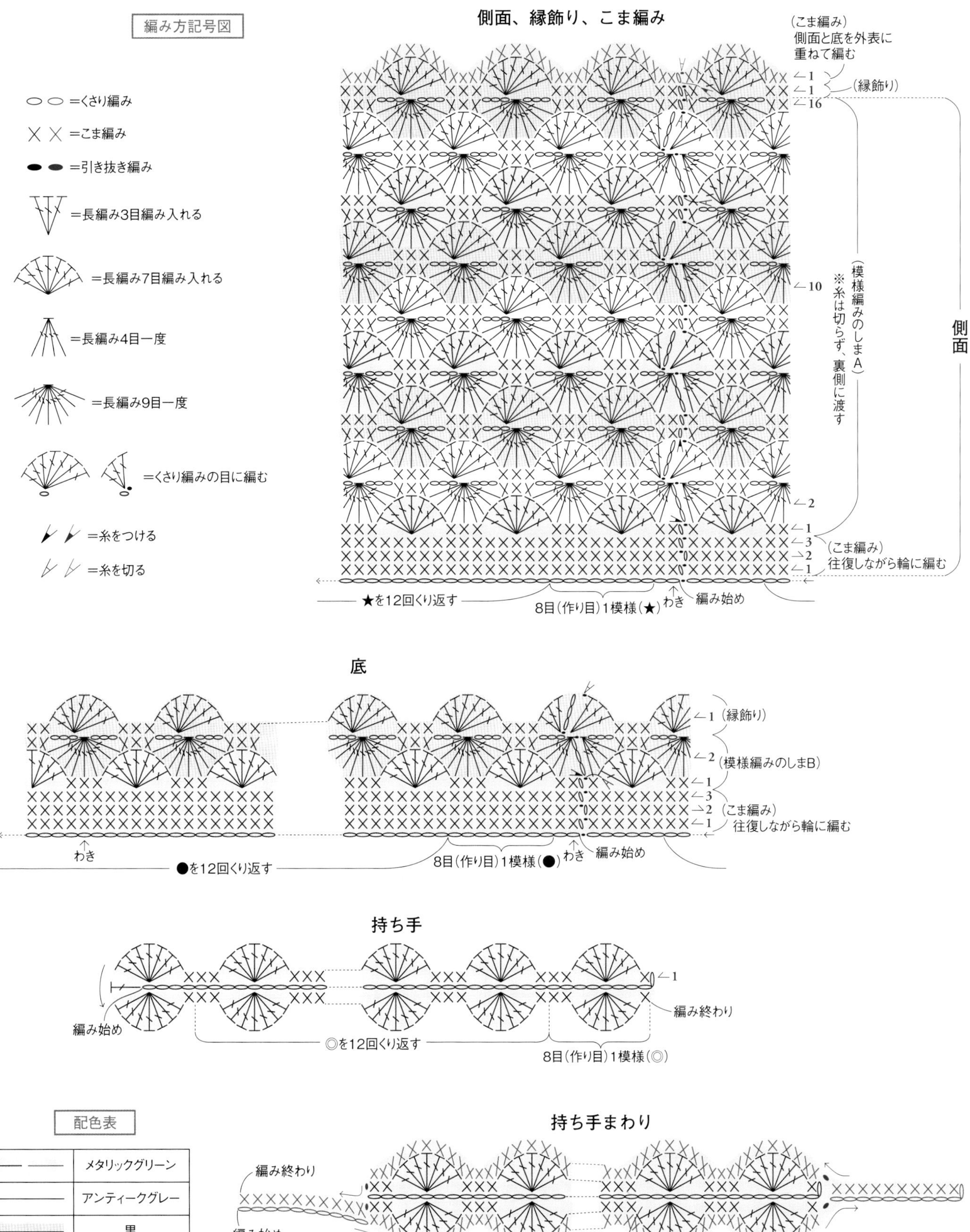

編み方記号図
＝くさり編み
＝こま編み
＝引き抜き編み
＝長編み3目編み入れる
＝長編み7目編み入れる
＝長編み4目一度
＝長編み9目一度
＝くさり編みの目に編む
＝糸をつける
＝糸を切る
側面、緑飾り、こま編み
(こま編み)
側面と底を外表に
重ねて編む
(緑飾り)
(模様編みのしまA)
※糸は切らず、裏側に渡す
側面
(こま編み)
往復しながら輪に編む
★を12回くり返す
8目(作り目)1模様(★)
わき
編み始め
底
(緑飾り)
(模様編みのしまB)
(こま編み)
往復しながら輪に編む
わき
●を12回くり返す
8目(作り目)1模様(●)
わき
編み始め
持ち手
編み始め
編み終わり
◎を12回くり返す
8目(作り目)1模様(◎)
配色表
メタリックグリーン
アンティークグレー
黒
持ち手まわり
編み終わり
編み始め
持ち手を二つ折りにして編む

黒い帽子 ⇒写真 p.36

［でき上がりサイズ］
頭まわり55cm　深さ17.5cm

［材料と用具］
糸　ハマナカ エコアンダリヤ　黒(30)140g
針　ハマナカアミアミ両かぎ針ラクラク5/0号

［ゲージ］
こま編み　19目×18段＝10cm角

［編み方］糸は1本どり。
トップは糸端を輪にする作り目(1回巻き)でこま編みを図のように編み、続けてサイドはこま編みと模様編み、ブリムはこま編み、縁編みを編みます。

目数表

	段	目数	増し目数	
ブリム	1	124模様		(縁編み)
	18	248目	増減なし	(こま編み)
	17	248目	16目増す	
	16	232目	増減なし	
	15	232目	16目増す	
	14	216目	増減なし	
	13	216目	16目増す	
	12	200目	増減なし	
	11	200目	16目増す	
	10	184目	増減なし	
	9	184目	16目増す	
	8	168目	増減なし	
	7	168目	16目増す	
	6	152目	増減なし	
	5	152目	16目増す	
	4	136目	増減なし	
	3	136目	16目増す	
	2	120目	増減なし	
	1	120目	16目増す	
サイド	5	104目		(模様編み)
	1～4	13模様		
	1～9	104目	増減なし	(こま編み)
トップ	14	104目	増減なし	
	13	104目	毎段8目増す	
	12	96目		
	11	88目		
	10	80目		
	9	72目		
	8	64目		
	7	56目		
	6	48目		
	5	40目		
	4	32目		
	3	24目		
	2	16目		
	1	8目 編み入れる		

寸法図

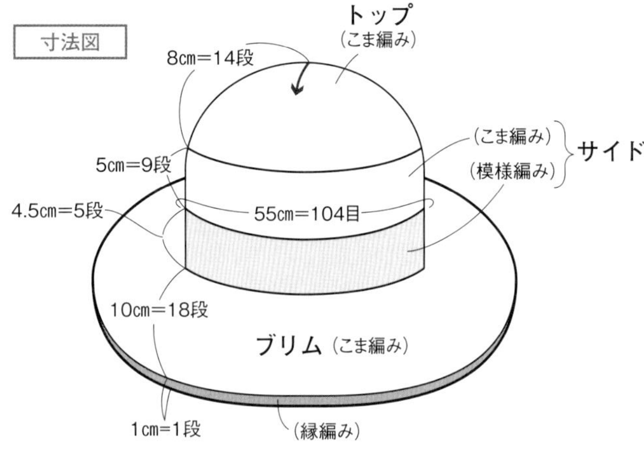
トップ
(こま編み)
8cm=14段
(こま編み)
(模様編み)
サイド
5cm=9段
4.5cm=5段
55cm=104目
10cm=18段
ブリム (こま編み)
1cm=1段
(縁編み)

四つ組みの編み方

※ p.74の巾着で使用します。②はくさり編みのきわで4本を組み、反対側のくさり編みのきわまで組んだら⑦～⑨をします。

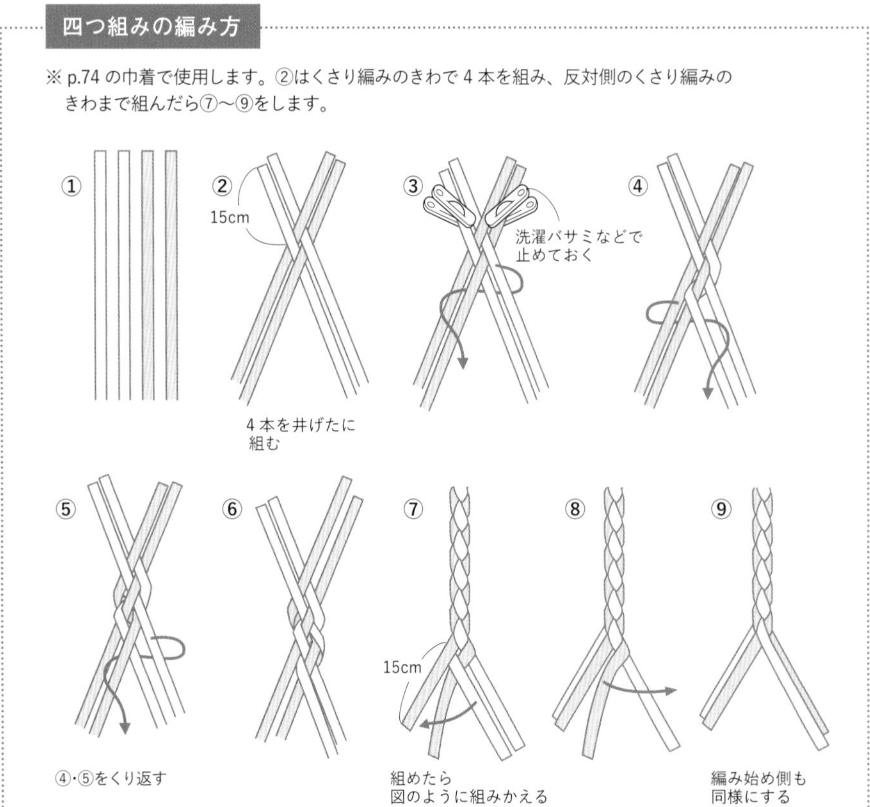
①
②
15cm
4本を井げたに
組む
③
洗濯バサミなどで
止めておく
④
⑤
⑥
⑦
15cm
⑧
⑨
④･⑤をくり返す
組めたら
図のように組みかえる
編み始め側も
同様にする

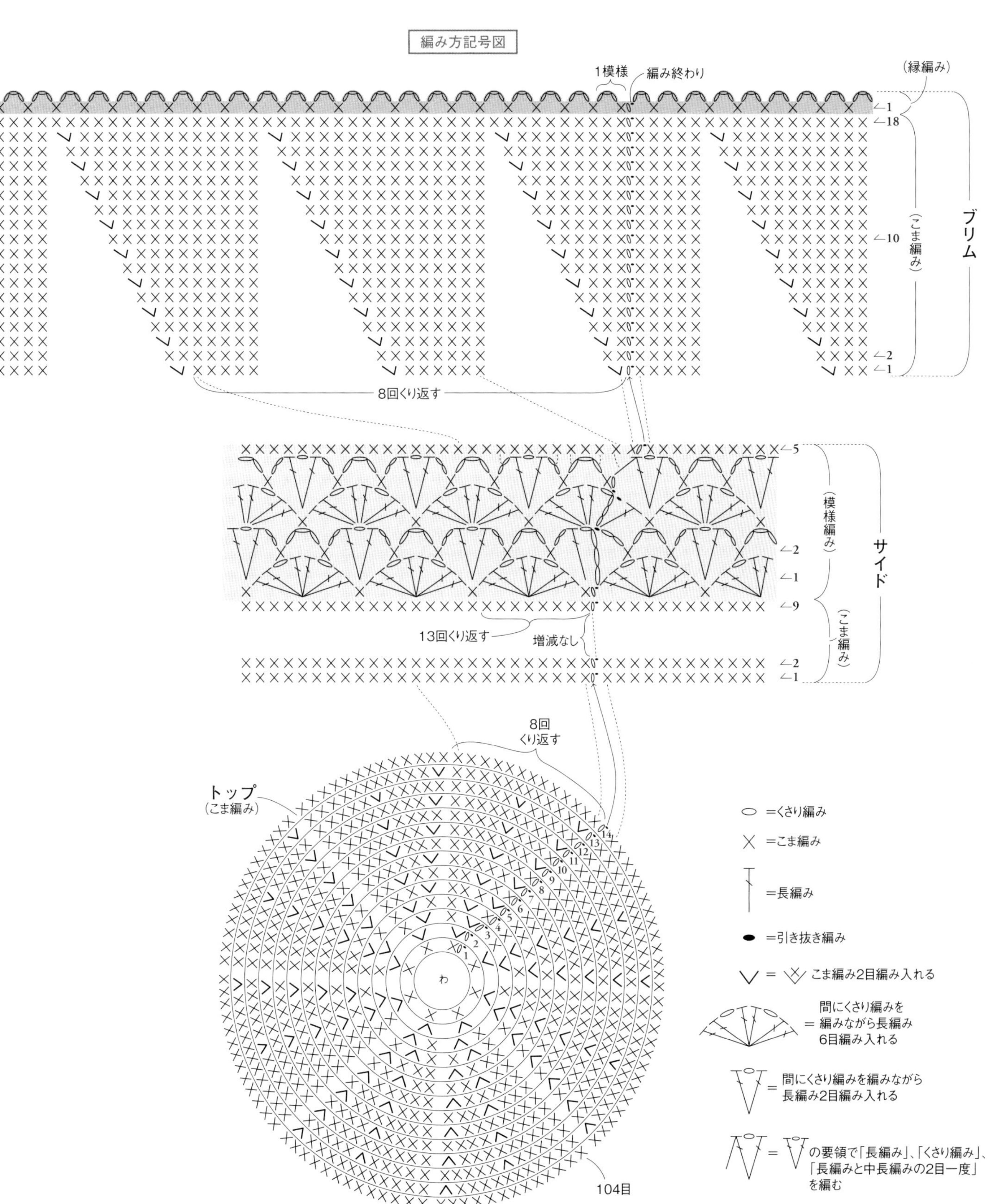

編み方記号図
1模様
編み終わり
(縁編み)
ブリム
(こま編み)
8回くり返す
サイド
(模様編み)
(こま編み)
13回くり返す
増減なし
8回
くり返す
トップ
(こま編み)
わ
104目
=くさり編み
=こま編み
=長編み
=引き抜き編み
= こま編み2目編み入れる
= 間にくさり編みを編みながら長編み6目編み入れる
= 間にくさり編みを編みながら長編み2目編み入れる
= の要領で「長編み」、「くさり編み」、「長編みと中長編みの2目一度」を編む

リボンのハンドバッグ

⇒写真 p.37

［でき上がりサイズ］
底幅26.5cm　深さ16cm
［材料と用具］
糸　ハマナカ エコアンダリヤ　黒(30)165g
針　ハマナカアミアミ両かぎ針ラクラク5/0号
その他　ハマナカバッグ用口金・アンティーク
(H207-010／ヨコ約21cm×タテ約9cm)1個
テグス　手縫い針
［ゲージ］模様編み　17目×24段＝10cm角
［編み方］糸は1本どり。
1 前側、後ろ側、リボンはくさり編みで作り目し、模様編みで図のように編みます。
2 持ち手、リボン止めも同様に作り目し、図のように編みます。
3 仕上げ方の①〜⑦の番号順に作ります。

寸法図

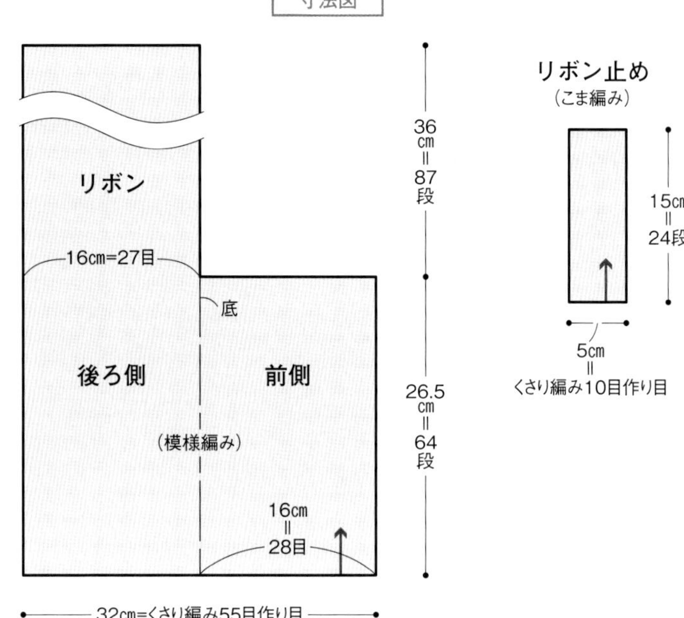

リボン
16cm=27目
底
後ろ側
前側
(模様編み)
16cm
‖
28目
36cm=87段
26.5cm=64段
32cm=くさり編み55目作り目
リボン止め
(こま編み)
15cm
‖
24段
5cm
‖
くさり編み10目作り目

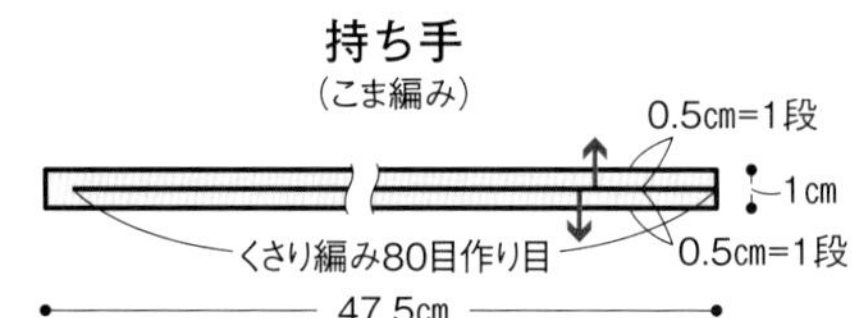

持ち手
(こま編み)
0.5cm=1段
1cm
くさり編み80目作り目
0.5cm=1段
47.5cm

仕上げ方

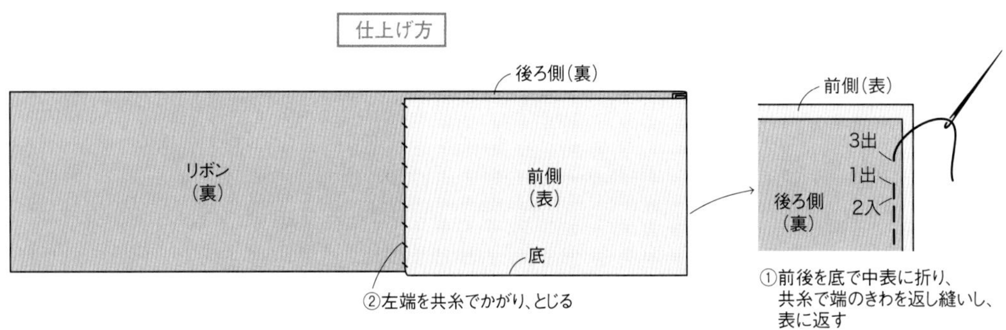

後ろ側(裏)
リボン
(裏)
前側
(表)
底
②左端を共糸でかがり、とじる
前側(表)
3出
1出
2入
後ろ側
(裏)
①前後を底で中表に折り、
共糸で端のきわを返し縫いし、
表に返す

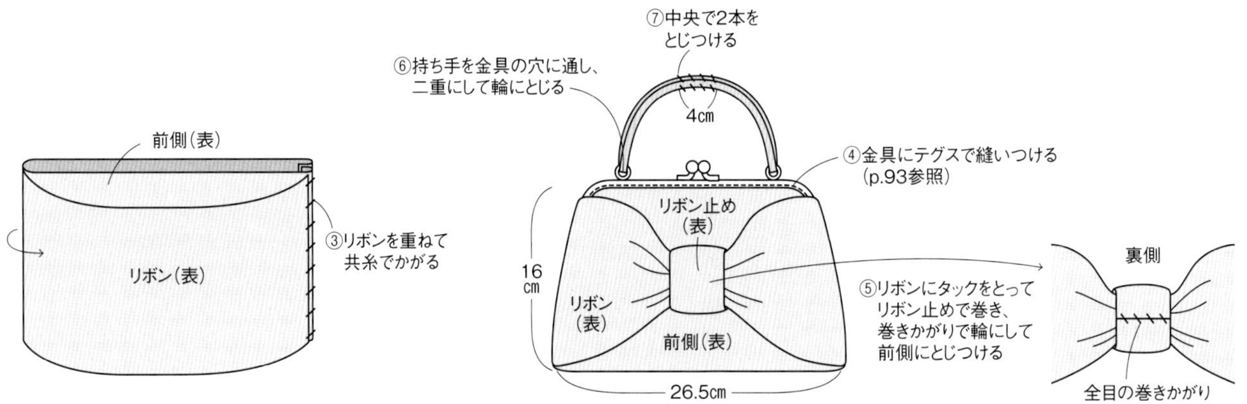

前側(表)
リボン(表)
③リボンを重ねて
共糸でかがる
⑦中央で2本を
とじつける
⑥持ち手を金具の穴に通し、
二重にして輪にとじる
4cm
④金具にテグスで縫いつける
(p.93参照)
リボン止め
(表)
16cm
リボン
(表)
前側(表)
26.5cm
⑤リボンにタックをとって
リボン止めで巻き、
巻きかがりで輪にして
前側にとじつける
裏側
全目の巻きかがり

編み方記号図

前側、後ろ側、リボン

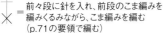

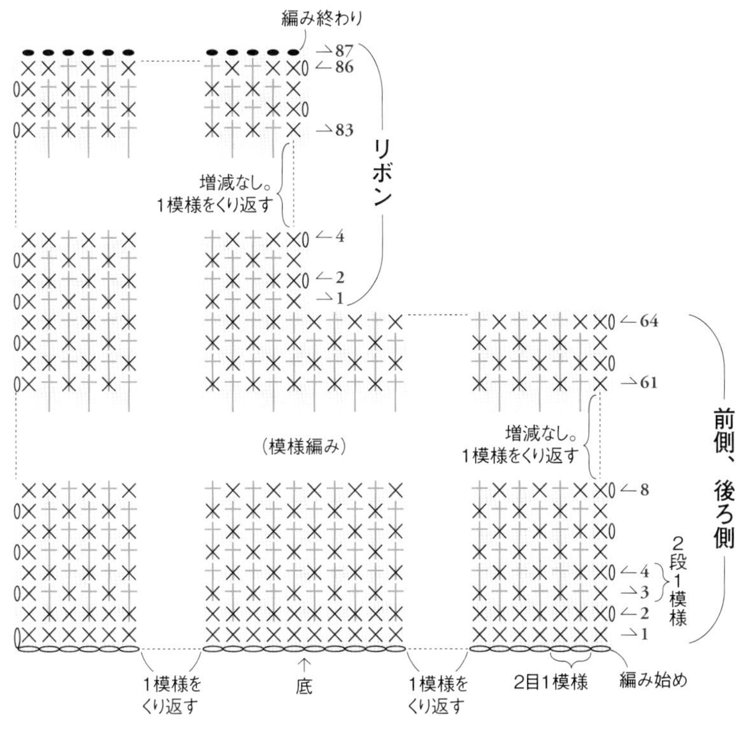
編み終わり
87
86
83
リボン
増減なし。
1模様をくり返す
4
2
1
64
61
(模様編み)
増減なし。
1模様をくり返す
前側、後ろ側
8
4
3
2
1
2段1模様
1模様をくり返す
底
1模様をくり返す
2目1模様
編み始め

リボン止め

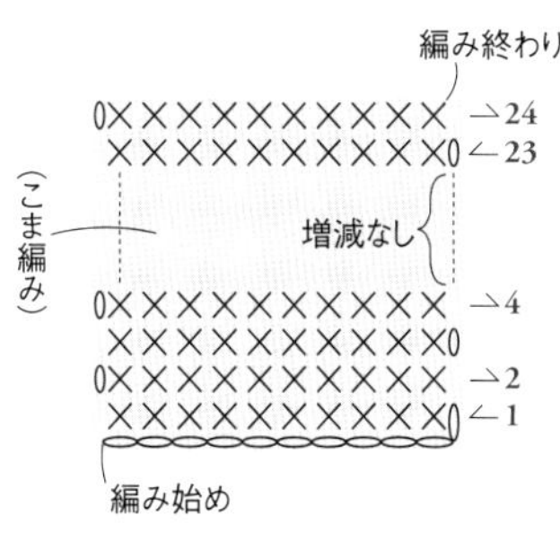
編み終わり
24
23
(こま編み)
増減なし
4
2
1
編み始め

持ち手
(こま編み)

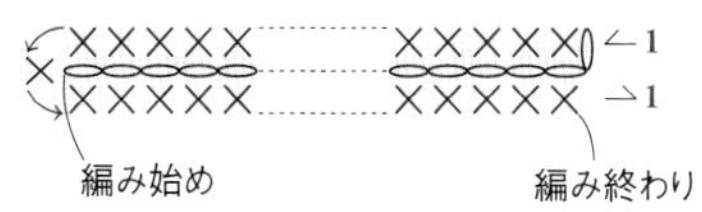
1
1
編み始め
編み終わり

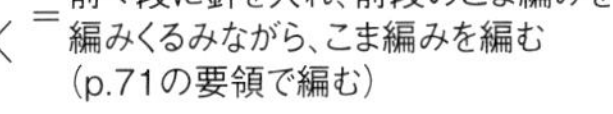
=前々段に針を入れ、前段のこま編みを
編みくるみながら、こま編みを編む
(p.71の要領で編む)

=くさり編み

=こま編み

=引き抜き編み

Q&A

バッグに裏布はつけられるの？

洋裁に使う裏地用の布を袋状に縫ってバッグに入れ、入れ口をまつると完成します。p.84リボンのハンドバッグを使ってイラストで解説します。袋の大きさは編み地の大きさと同じくらいに縫い代をつけます。袋に縫うのはミシン、手縫いのどちらでも。入れ口より袋が大きいときはタック（布をたたんでひだを作る）をとって調整します。入れ口はまち針で均等にとめてから、手縫い糸（裏布に近い色）でまつります。

裏布は編み地の少し下でまつります。口金のない袋状のものも同様で、表に裏布が出ないようにします。

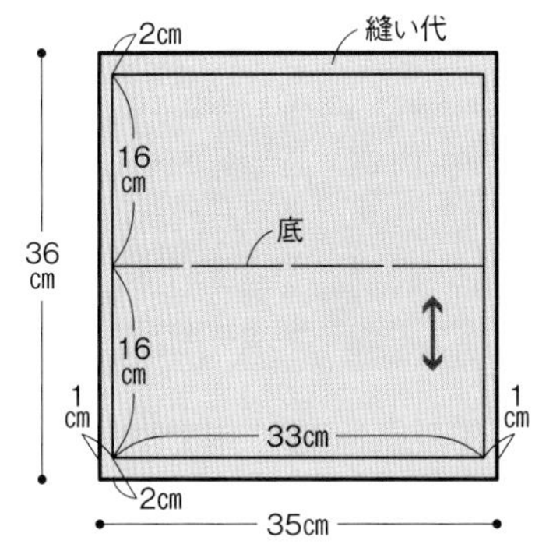
2cm
縫い代
16cm
底
36cm
16cm
1cm
33cm
1cm
2cm
35cm

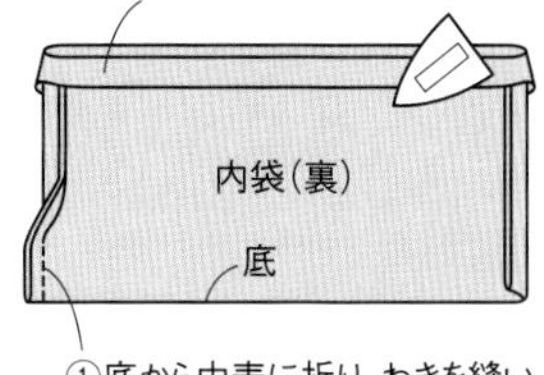
②入れ口を折ってアイロンをかける
内袋（裏）
底
①底から中表に折り、わきを縫い
縫い代を片方に倒す

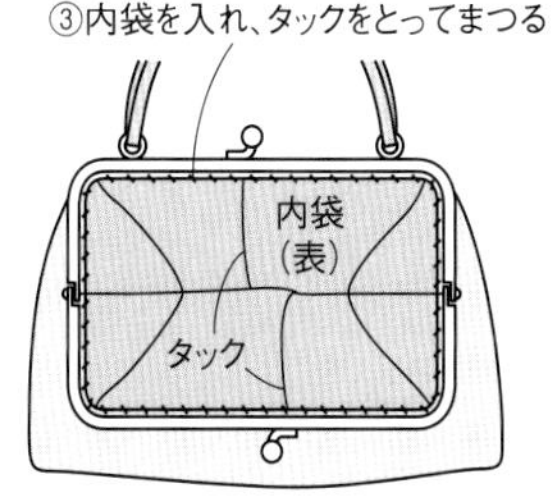
③内袋を入れ、タックをとってまつる
内袋
（表）
タック

ショルダーバッグ ⇒写真 p.40

［でき上がりサイズ］
入れ口幅23cm　まち幅5cm　深さ14cm

［材料と用具］

糸　ハマナカ エコアンダリヤ
ゴールド(170)200g

針　ハマナカアミアミ片かぎ針<金属製>
8/0号、7/0号

その他　ハマナカバッグ用チェーン(H210-590-013／長さ約101cm)1本
ハマナカ留め具楕円おこし・金(H206-051-1／ヨコ約3.9cm×タテ約1.6cm)1個
ドライバー(留め具つけ用)

［ゲージ］
模様編み　14.5目×16段＝10cm角

［編み方］糸は2本どり。

1 まちはくさり編みで作り目し、模様編みと縁編みAで図のように編みます。

2 後ろ側とふたは同様に作り目し、模様編みで図のように編みます。

3 前側は同様に作り目して模様編みを編み、糸を休めます。

4 仕上げ方の①(前側で休めた糸で編む)～⑤の番号順に作ります。

寸法図

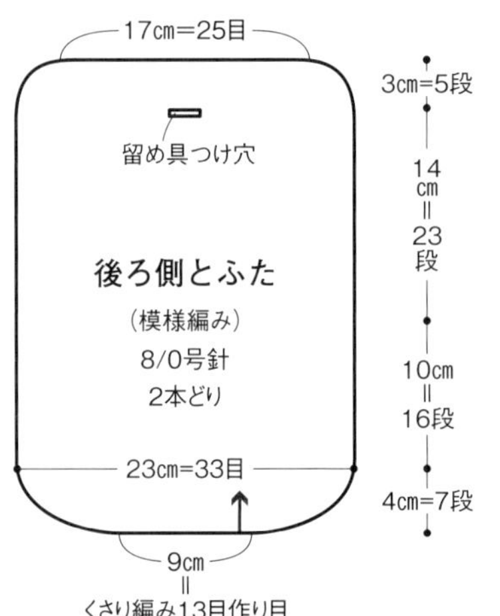
17cm=25目
留め具つけ穴
後ろ側とふた
(模様編み)
8/0号針
2本どり
23cm=33目
9cm
=
くさり編み13目作り目
3cm=5段
14cm=23段
10cm=16段
4cm=7段

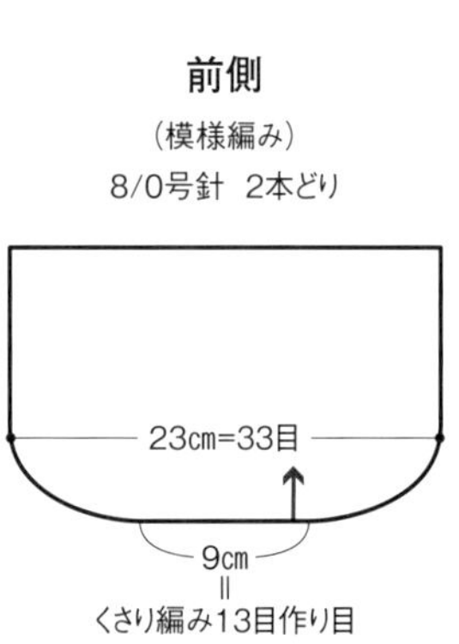
前側
(模様編み)
8/0号針　2本どり
23cm=33目
9cm
=
くさり編み13目作り目

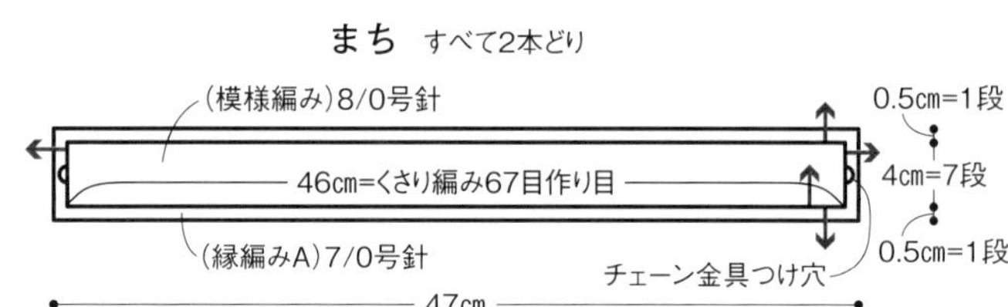
まち　すべて2本どり
(模様編み)8/0号針
46cm=くさり編み67目作り目
(縁編みA)7/0号針
チェーン金具つけ穴
0.5cm=1段
4cm=7段
0.5cm=1段
47cm

留め具

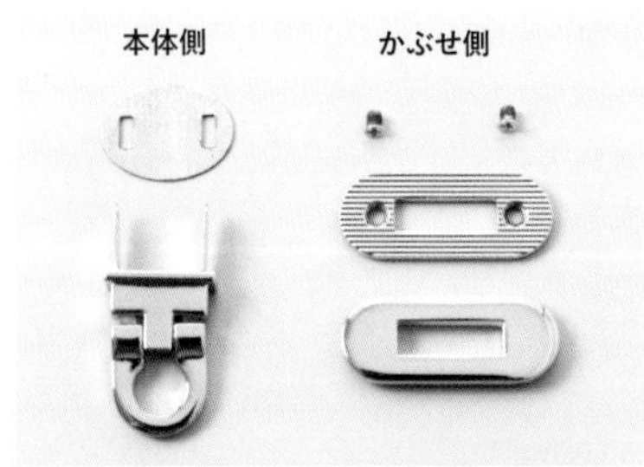
本体側
かぶせ側

本体側とかぶせ側があり、それぞれ編み地をはさんでつけます。

〈**本体側**〉
表から差し込み、裏に座金をつけて差し込んだ部分を倒します。

〈**かぶせ側**〉
編み地をはさみ、ドライバーでネジを留めます。

仕上げ方

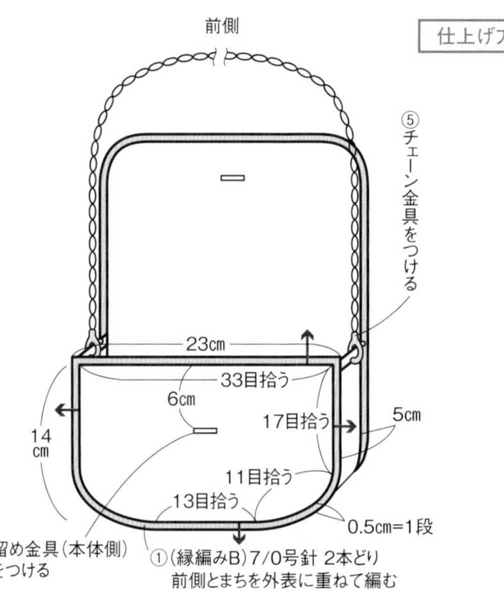
前側
⑤チェーン金具をつける
23cm
33目拾う
6cm
17目拾う
5cm
14cm
11目拾う
13目拾う
0.5cm=1段
④留め金具(本体側)をつける
①(縁編みB)7/0号針 2本どり
前側とまちを外表に重ねて編む

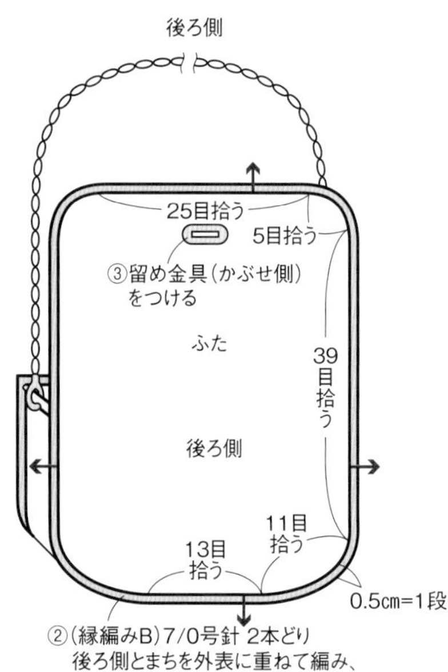
後ろ側
25目拾う
5目拾う
③留め金具(かぶせ側)をつける
ふた
39目拾う
後ろ側
11目拾う
13目拾う
0.5cm=1段
②(縁編みB)7/0号針 2本どり
後ろ側とまちを外表に重ねて編み、ふたに続ける

編み方記号図

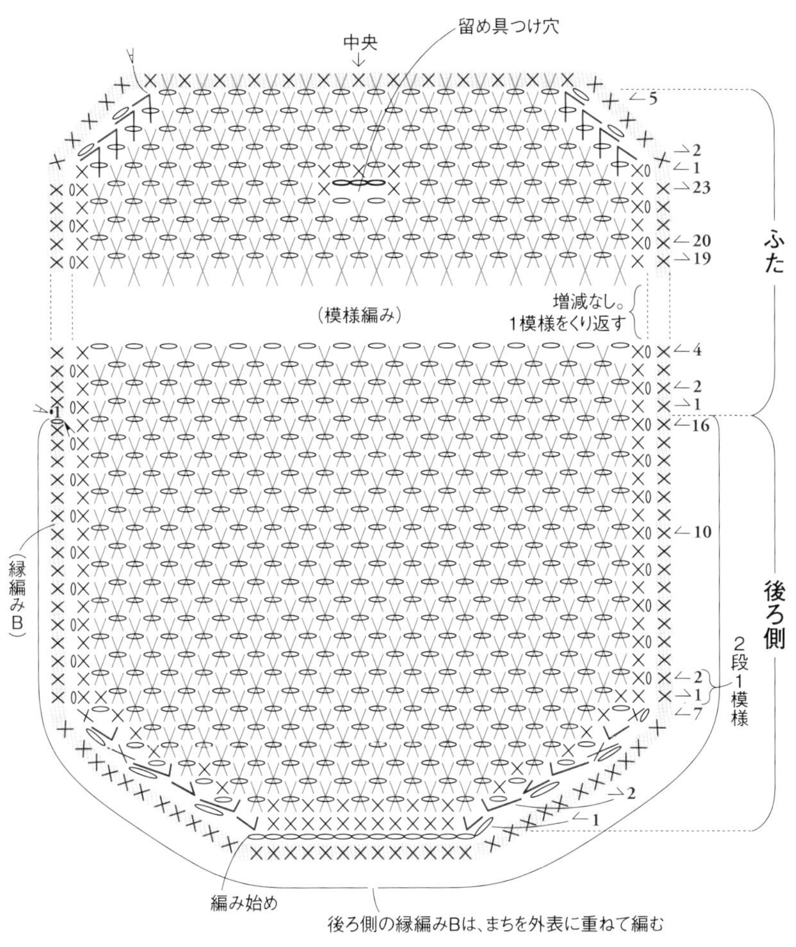

留め具つけ穴
中央
ふた
（模様編み）
増減なし。
1模様をくり返す
後ろ側
2段1模様
（縁編みB）
編み始め

後ろ側の縁編みBは、まちを外表に重ねて編む

まち

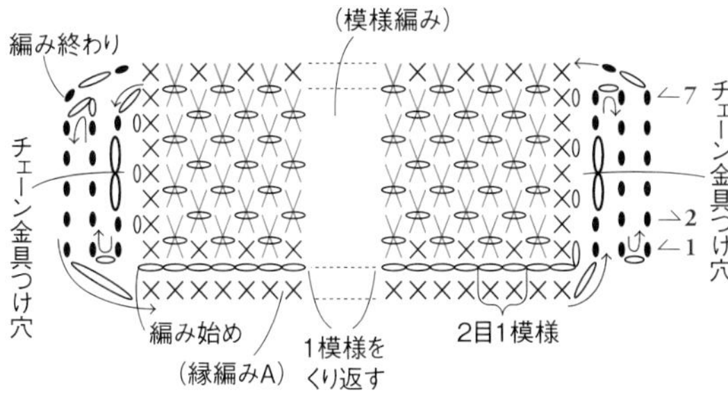

（模様編み）
編み終わり
チェーン金具つけ穴
チェーン金具つけ穴
編み始め
（縁編みA）
1模様をくり返す
2目1模様

○ ＝くさり編み

× ＝こま編み

● ＝引き抜き編み

＝前々段に針を入れてこま編みを編み、前段を編みくるむ（p.71参照）

＝こま編み2目編み入れる

＝間にくさり編み1目を編みながらこま編み2目編み入れる

＝こま編みと を2目一度に編む

＝糸をつける

＝糸を切る

前側

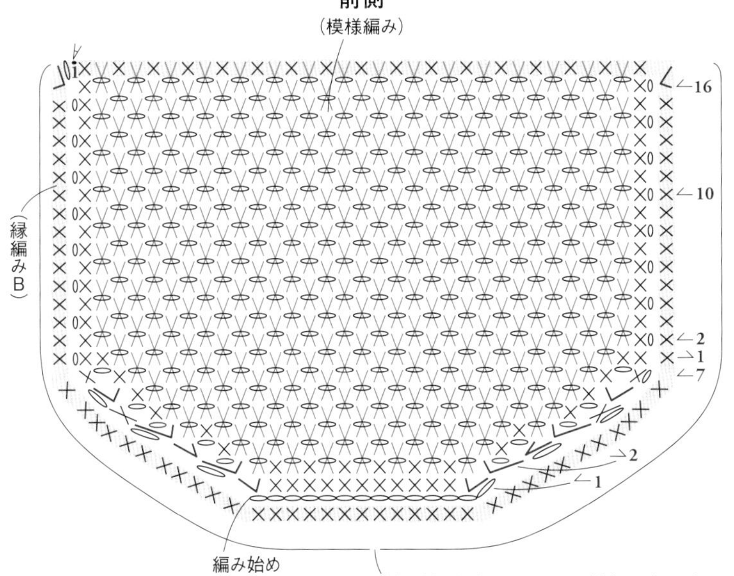

（模様編み）
（縁編みB）
編み始め

上側以外の縁編みBは、まちを外表に重ねて編む

模様編み

1目おきに前々段に針を入れてこま編みを編む模様です。少し厚く、しっかりとした編み地になるのでバッグに最適です。

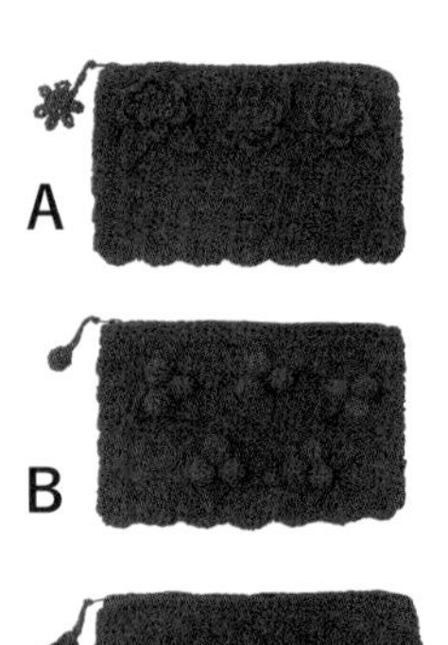
A
B
C

花のポーチ ⇒写真 p.41

［でき上がりサイズ］
幅21cm　深さ13.5cm

［材料と用具］
糸　ハマナカ フラックスK 赤(203)
A 60g　**B** 70g　**C** 65g
針　ハマナカアミアミ両かぎ針ラクラク5/0号
その他(1個分)　長さ 20cmのファスナー１本
手縫い糸　手縫い針

［ゲージ］模様編み　1模様＝3cm、2段＝2cm

［編み方］糸は１本どり。
1 側面はくさり編みで作り目し、作り目の上下から拾って模様編みとこま編みで輪に編みます。
2 モチーフは指定の枚数を編みます。花、実、ファスナー飾りは糸端を輪にする作り目(2回巻き)、葉はくさり編みで作り目します。
3 ひもをくさり編みで編みます。
4 仕上げ方の①〜④の番号順に作ります。

寸法図

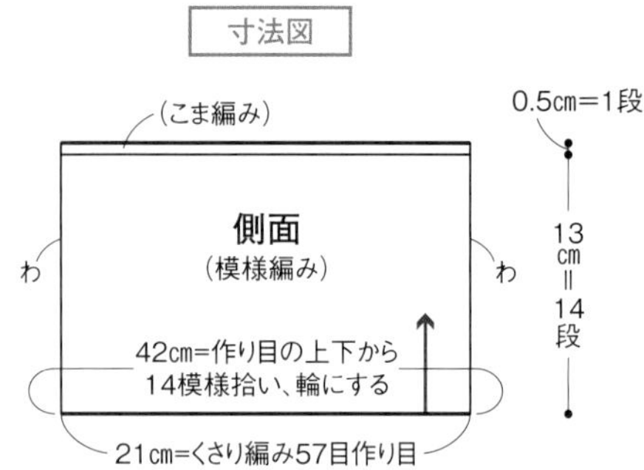
(こま編み)
0.5cm=1段
側面
(模様編み)
わ
わ
13cm＝14段
42cm=作り目の上下から
14模様拾い、輪にする
21cm=くさり編み57目作り目

仕上げ方

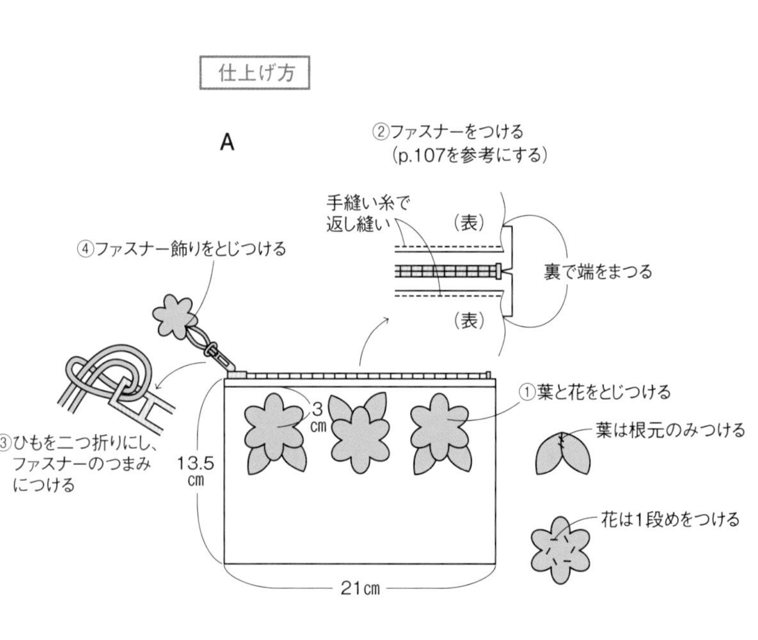
A
②ファスナーをつける
(p.107を参考にする)
手縫い糸で
返し縫い
(表)
裏で端をまつる
(表)
④ファスナー飾りをとじつける
③ひもを二つ折りにし、
ファスナーのつまみ
につける
13.5cm
3cm
①葉と花をとじつける
葉は根元のみつける
花は1段めをつける
21cm

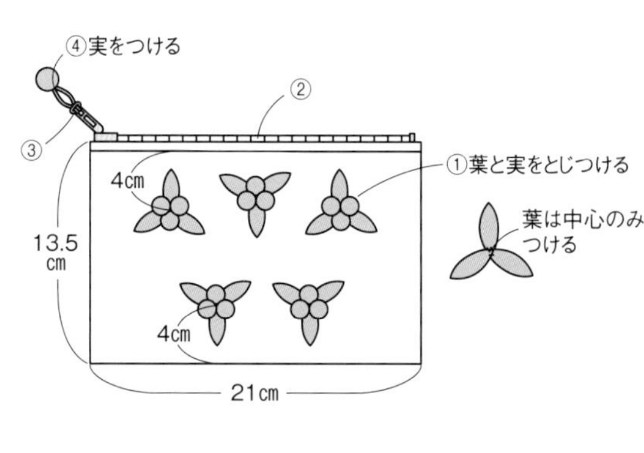
B
※②③はAと同様
④実をつける
②
③
4cm
①葉と実をとじつける
葉は中心のみ
つける
13.5cm
4cm
21cm

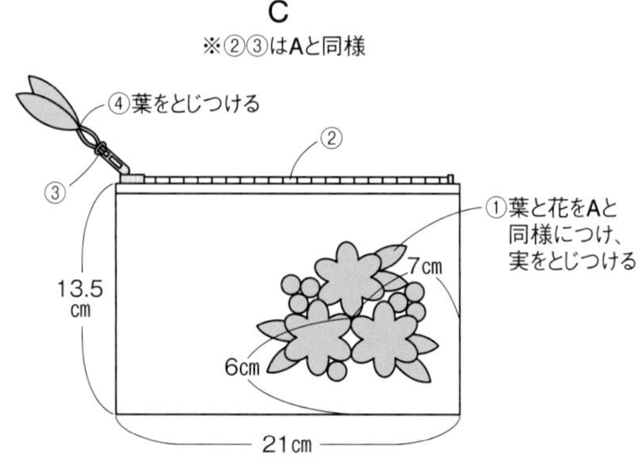
C
※②③はAと同様
④葉をとじつける
②
③
①葉と花をAと
同様につけ、
実をとじつける
7cm
13.5cm
6cm
21cm

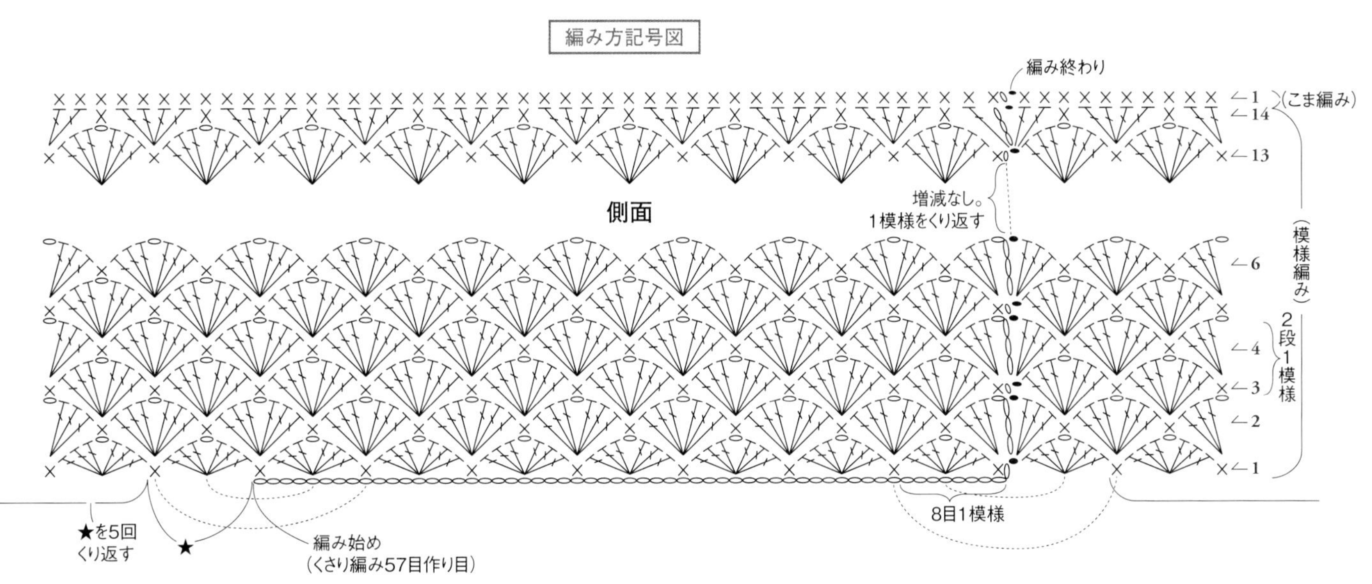
編み方記号図
編み終わり
1（こま編み）
14
13
側面
増減なし。
1模様をくり返す
（模様編み）
6
2段1模様
4
3
2
1
8目1模様
★を5回
くり返す
★
編み始め
（くさり編み57目作り目）

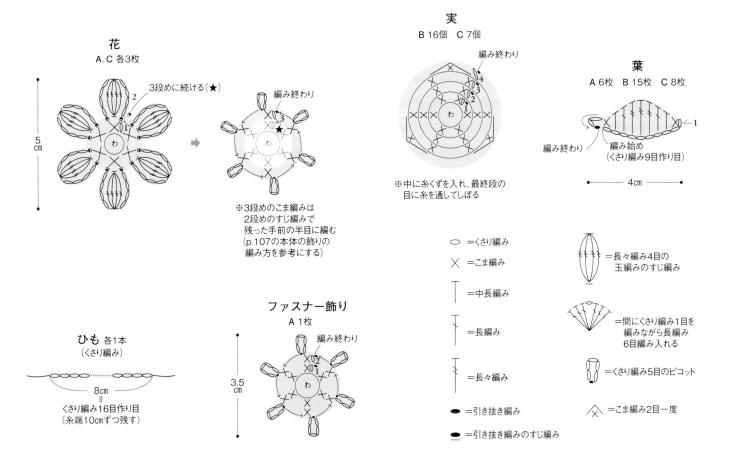

花

A、C 各3枚

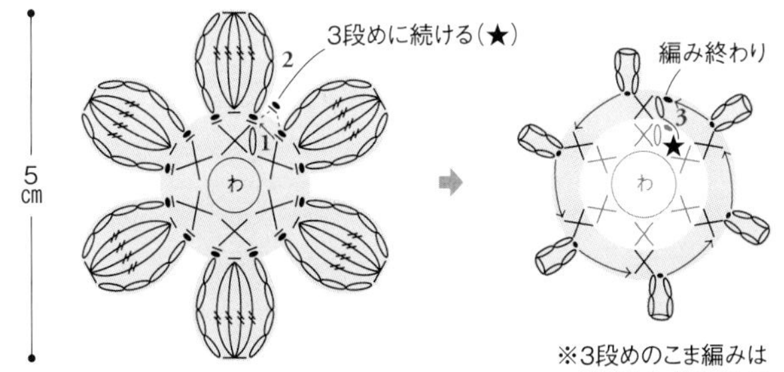

5cm

3段めに続ける（★）

2

1

わ

編み終わり

3

★

わ

※3段めのこま編みは
2段めのすじ編みで
残った手前の半目に編む
（p.107の本体の飾りの
編み方を参考にする）

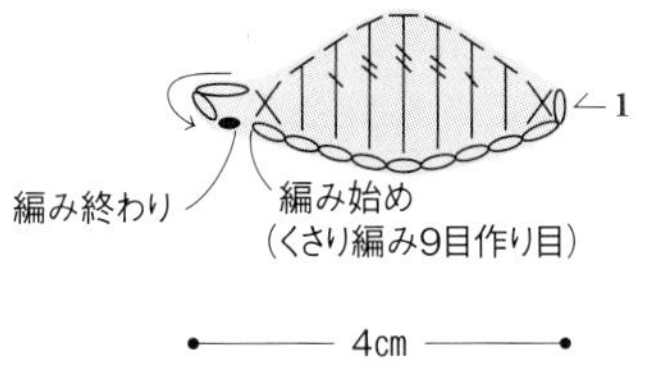

ひも 各1本

（くさり編み）

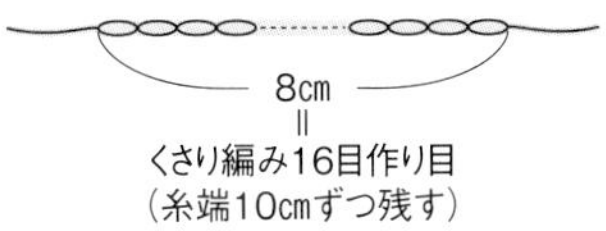

8cm
=
くさり編み16目作り目
（糸端10cmずつ残す）

ファスナー飾り

A 1枚

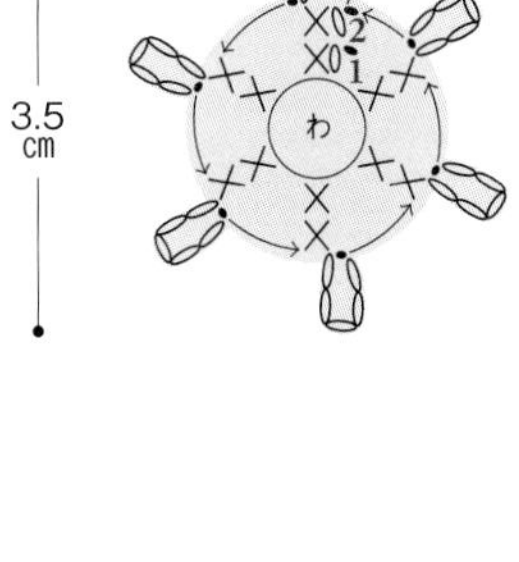

編み終わり

2

1

わ

3.5cm

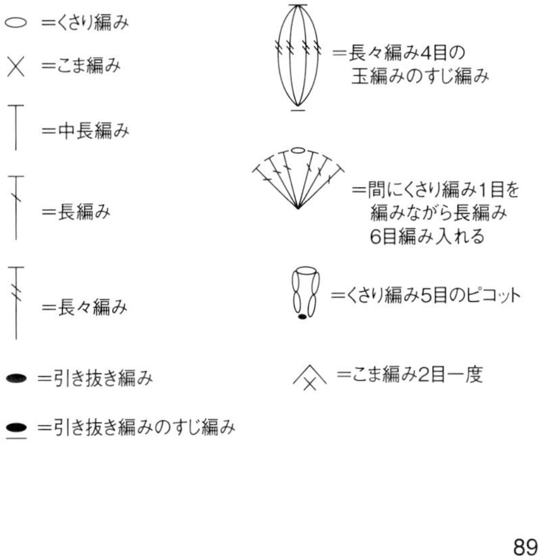

実

B 16個　C 7個

編み終わり

4

3

2

1

わ

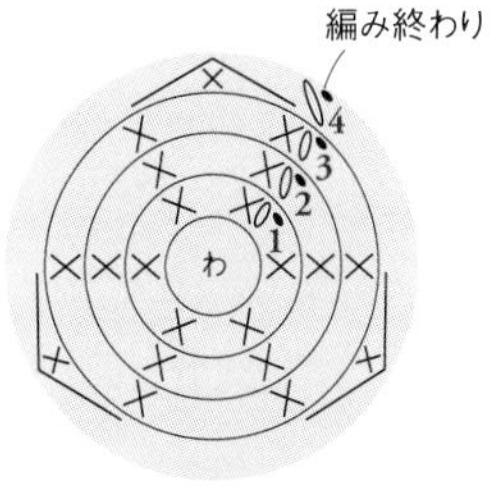

※中に糸くずを入れ、最終段の
目に糸を通してしぼる

葉

A 6枚　B 15枚　C 8枚

1

編み終わり

編み始め
（くさり編み9目作り目）

4cm

=くさり編み

=こま編み

=中長編み

=長編み

=長々編み

=引き抜き編み

=引き抜き編みのすじ編み

=長々編み4目の
玉編みのすじ編み

=間にくさり編み1目を
編みながら長編み
6目編み入れる

=くさり編み5目のピコット

=こま編み2目一度

ネットバッグ

⇒写真 p.42・43

［でき上がりサイズ］
側面の周囲44cm　深さ22cm

［材料と用具］
糸　ハマナカ フラックスK
　A グリーン(207)50g
　　濃グレー(201)、グレー(208)各45g
　B ブルーグリーン(213)50g
　　からし色(205)、淡茶(13)各45g
針　ハマナカアミアミ両かぎ針ラクラク8/0号

［ゲージ］ネット編み　1模様＝4.5cm、2段＝4cm

［編み方］糸は各色1本ずつの3本どり（持ち手に巻く糸を除く）。

1　側面と持ち手の1枚め、2枚めは図とp.91のように編みます。

2 持ち手を11本ずつ指定の糸で巻きます。

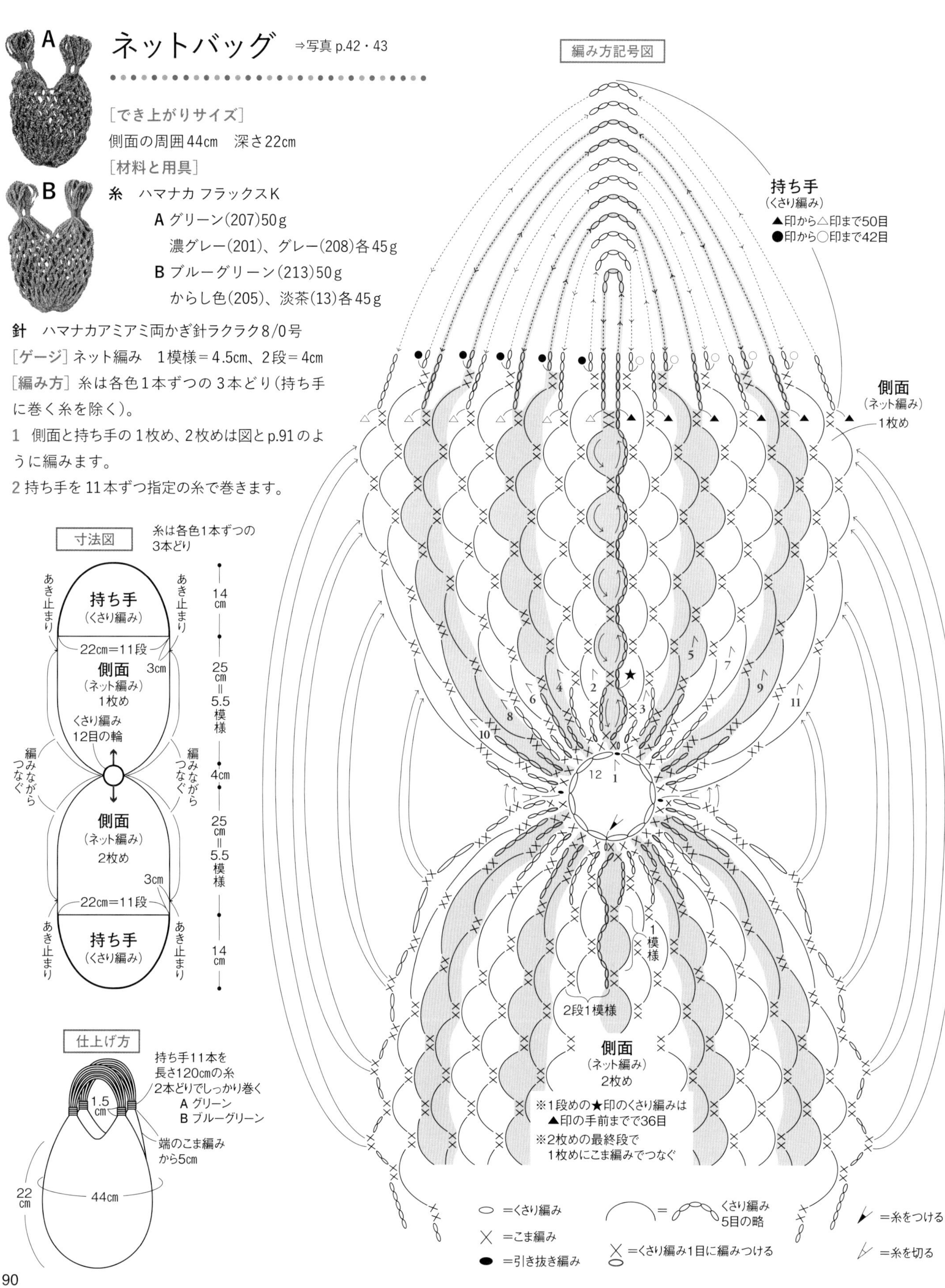

A
B
寸法図
糸は各色1本ずつの3本どり
持ち手（くさり編み）
あき止まり
22cm＝11段
3cm
側面（ネット編み）1枚め
くさり編み12目の輪
編みながらつなぐ
側面（ネット編み）2枚め
14cm
25cm＝5.5模様
4cm
仕上げ方
持ち手11本を長さ120cmの糸2本どりでしっかり巻く
A グリーン
B ブルーグリーン
1.5cm
端のこま編みから5cm
22cm
44cm
編み方記号図
持ち手（くさり編み）
▲印から△印まで50目
●印から○印まで42目
側面（ネット編み）1枚め
1模様
2段1模様
側面（ネット編み）2枚め
※1段めの★印のくさり編みは▲印の手前までで36目
※2枚めの最終段で1枚めにこま編みでつなぐ
＝くさり編み
＝こま編み
＝引き抜き編み
＝くさり編み5目の略
＝くさり編み1目に編みつける
＝糸をつける
＝糸を切る

側面、持ち手の編み方

※p.90の記号図を見ながら編みます(実際には指定の糸3本どり)。わかりやすいように糸をかえています。
工程の2では段数リング(または別糸など)があると編みやすいです。
くさり=くさり編みの略

1枚めを編む

1 くさり12目を編み、引き抜き編みで輪にする。1段めは立ち上がりのくさり1目を編み、輪にこま編み1目を編む。

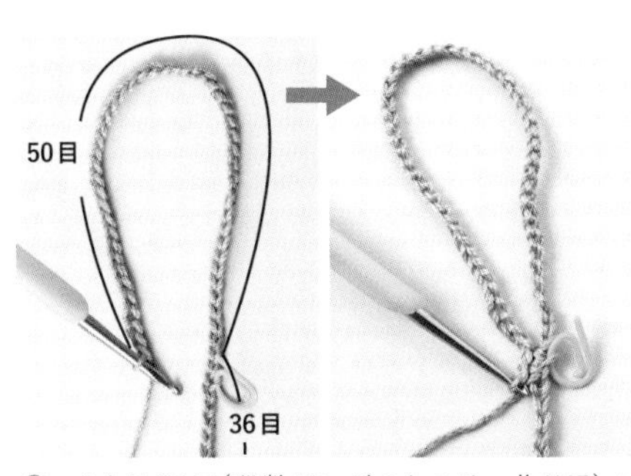
50目
36目

2 くさり36目(段数リングのところ。作り目)+50目(持ち手)の計86目を編み、段数リングの36目めと隣の35目めにこま編みを編む。

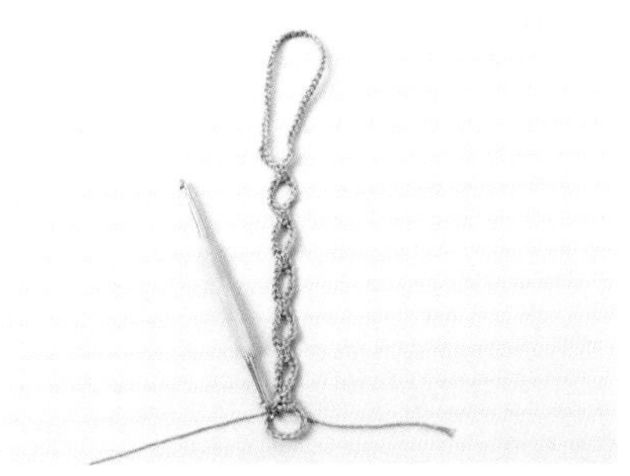

3 「くさり5目、こま編み2目」を4回くり返し、最後はくさり5目とこま編み1目を編んで1の輪にこま編みを1目編む。

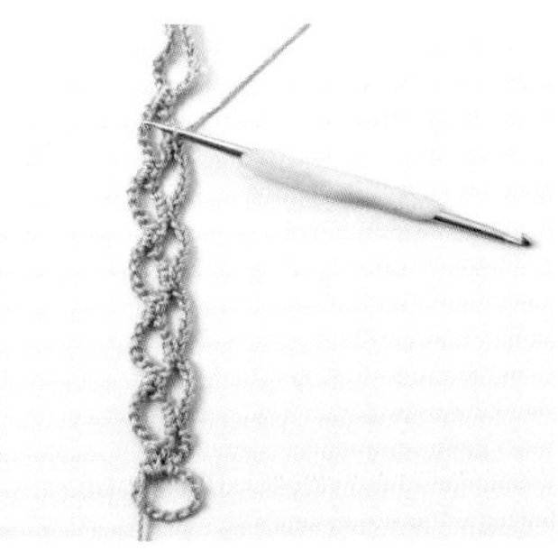

4 2段め。編み地の向きをかえ、最初はくさり3目とこま編み2目(くさりをそっくりすくう)を編み、次からは「くさり5目、こま編み2目」を4回くり返す。

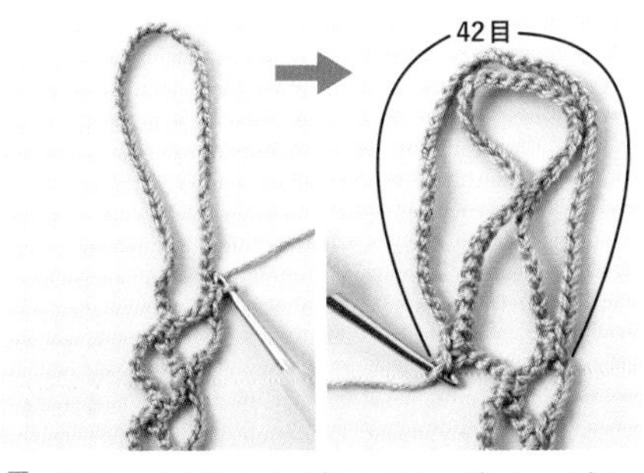
42目

5 続けてくさり5目を編んだら、次のこま編み2目は指定のくさりの目に編み、くさり42目(持ち手)を編んで指定のくさり2目にこま編みを2目編む。

6 「くさり5目、こま編み2目」を5回くり返し、くさり3目と輪にこま編み1目を編む。

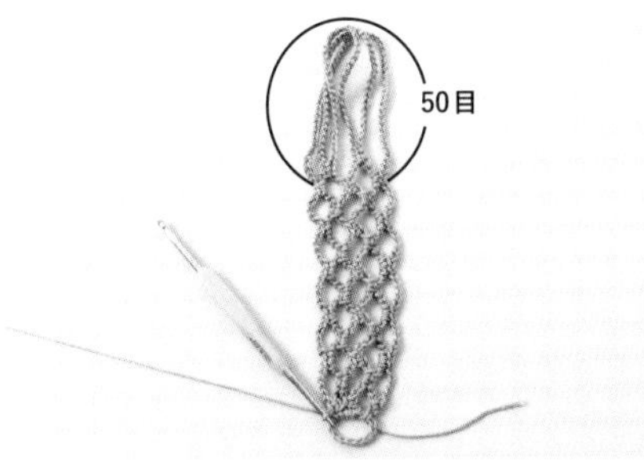
50目

7 3段め。編み地の向きをかえ、2段めの要領で図のように編み進め、持ち手は1段めと同じくさり50目を編む。

8 4段め以降、偶数段は2段めと同様に、奇数段は3段めと同様に編み、11段めまで編んだら糸を切る。

2枚めを編む

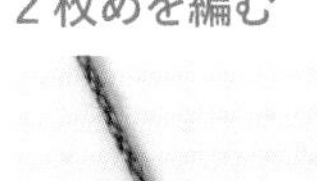

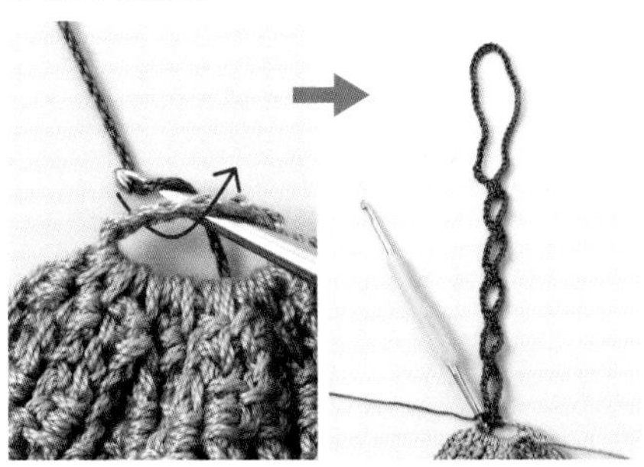

9 1枚めを下向きにして2枚めを編む。輪に針を入れ、糸をかけて引き出し、1枚めと同様に1段めを編む。

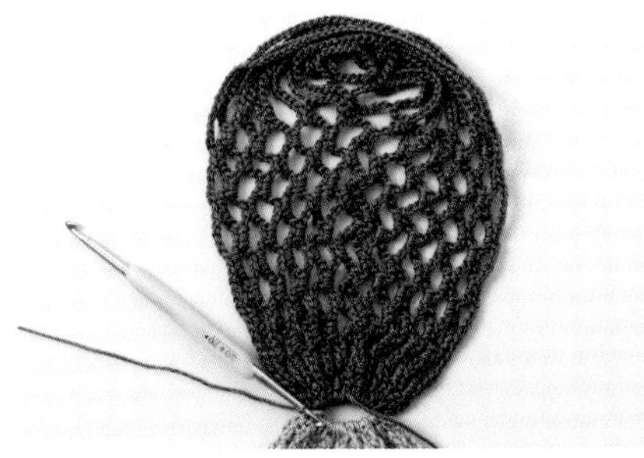

10 2～10段めも1枚めと同様に編む。

11 11段めを編みながら1枚めの11段めにつなげる(くさり5目の部分を「くさり2目、1枚めのくさりにこま編み2目、くさり2目」にかえる)。

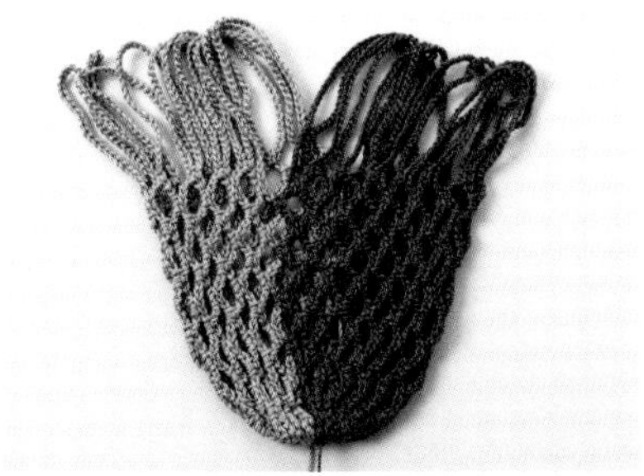

12 持ち手のくさりを編み、反対側も同様につなげる。

ミニショルダーバッグ ⇒写真 p.44

［でき上がりサイズ］
幅19cm　まち6cm　深さ15cm
［材料と用具］
糸　ハマナカ エコアンダリヤ
　　ブルーグリーン(68)70 g
針　ハマナカアミアミ両かぎ針ラクラク6/0号
［ゲージ］こま編み　15目×15段＝10cm角

［編み方］糸は1本どり。
1 側面と底はくさり編みで作り目し、こま編みで図のように編みます。
2 まちは同様に作り目し、こま編みで編みます。同じものを4枚編みます。
3 仕上げ方の①～④の番号順に作ります。

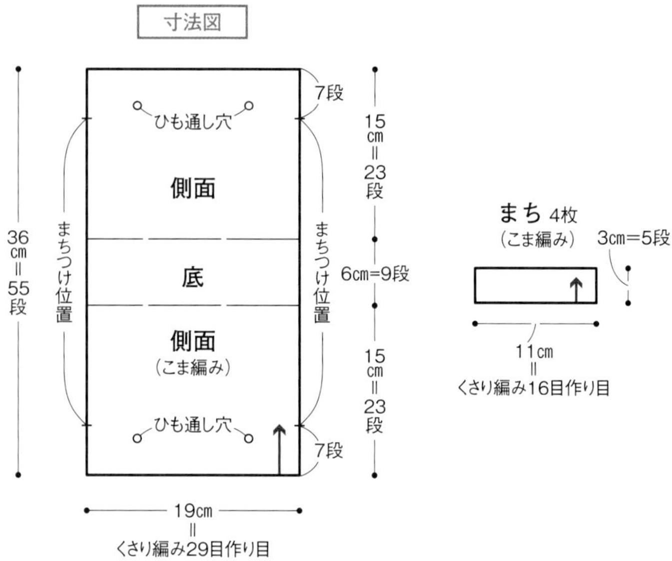
寸法図
7段
ひも通し穴
側面
15cm＝23段
36cm＝55段
まちつけ位置
底
6cm＝9段
側面
(こま編み)
ひも通し穴
7段
19cm
＝
くさり編み29目作り目
まち 4枚
(こま編み)
3cm＝5段
11cm
＝
くさり編み16目作り目

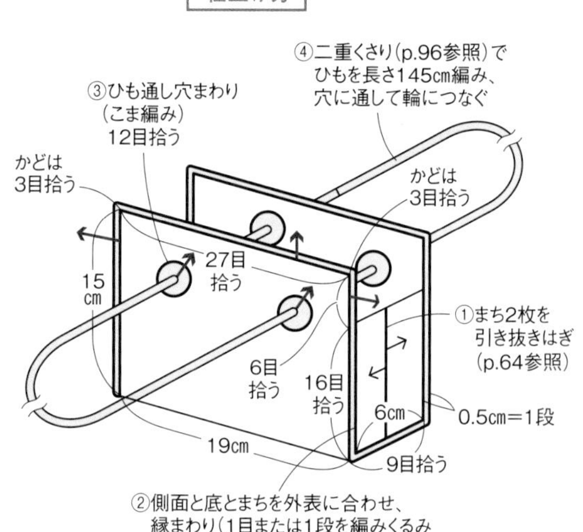
仕上げ方
④二重くさり(p.96参照)で
ひもを長さ145cm編み、
穴に通して輪につなぐ
③ひも通し穴まわり
(こま編み)
12目拾う
かどは
3目拾う
かどは
3目拾う
15cm
27目拾う
6目拾う
16目拾う
①まち2枚を
引き抜きはぎ
(p.64参照)
6cm
0.5cm＝1段
19cm
9目拾う
②側面と底とまちを外表に合わせ、
縁まわり(1目または1段を編みくるみながらこま編み)を編む

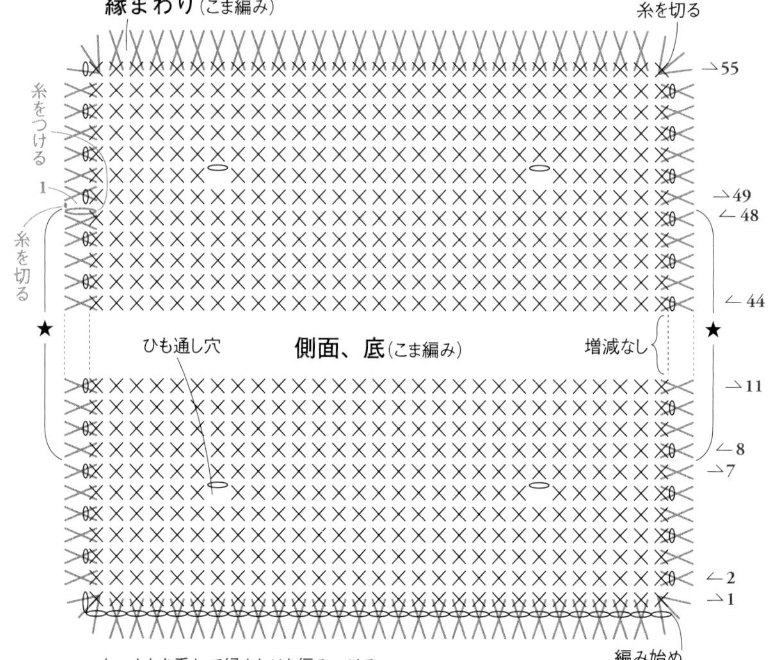
編み方記号図
縁まわり(こま編み)
糸を切る
55
糸をつける
1
糸を切る
49
48
44
★
ひも通し穴
側面、底(こま編み)
増減なし
★
11
8
7
2
1
編み始め
★＝まちを重ねて縁まわりを編みつける

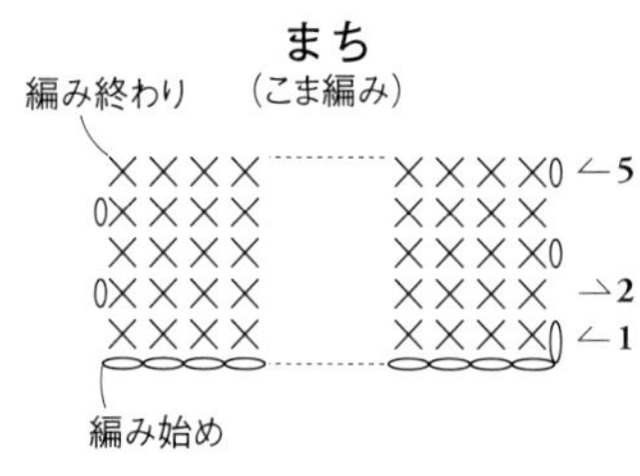
まち
(こま編み)
編み終わり
5
2
1
編み始め

＝くさり編み
＝こま編み
＝引き抜き編み
＝1目または1段を編みくるみながらこま編み
＝かどの1目を編みくるみながらこま編み3目編み入れる

ひも通し穴まわり
(こま編み)
※p.93参照

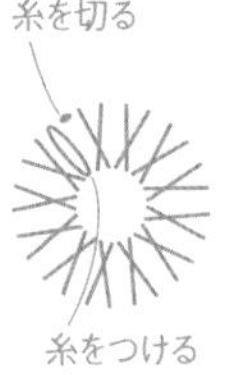
糸を切る
糸をつける

ひも通し穴まわりの編み方 ※わかりやすいように糸の色をかえています。

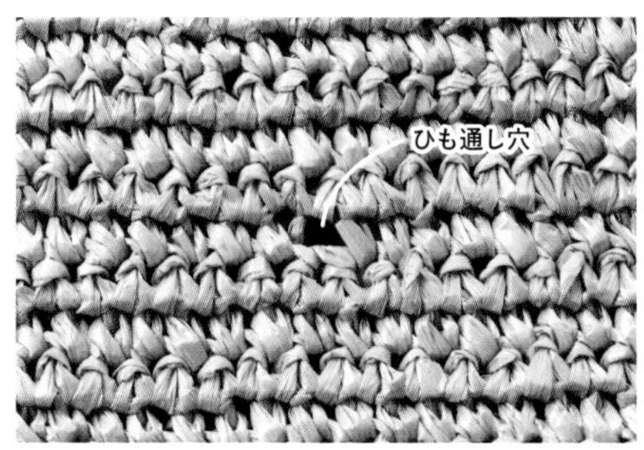
ひも通し穴

1　側面のひも通し穴のまわりにこま編みを編む。

2　穴に針を入れ、左上の目と目の間に出し、糸をかけて引き出す。

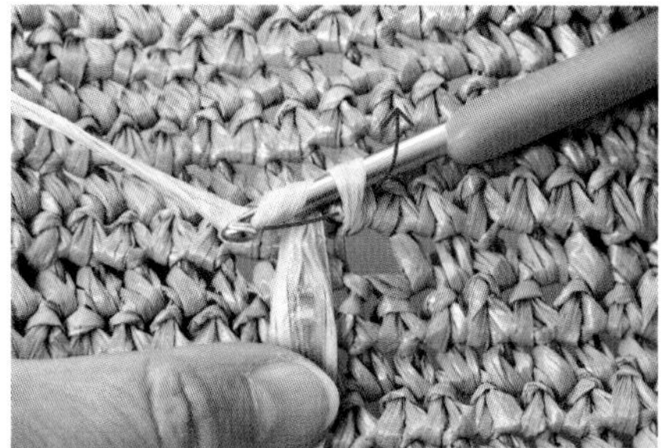

3　針に糸をかけて引き抜く。

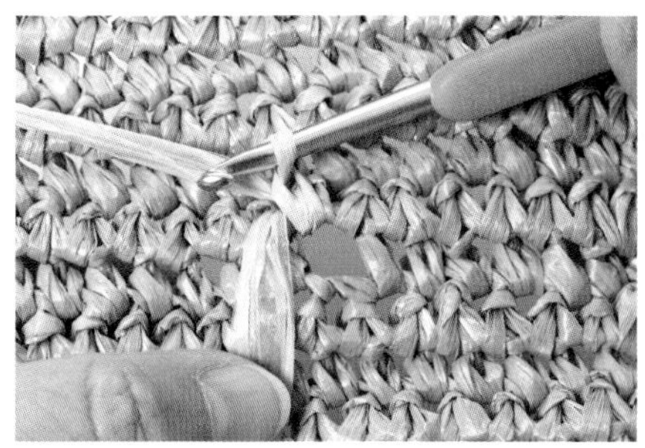

4　立ち上がりのくさり編み1目が編めた。

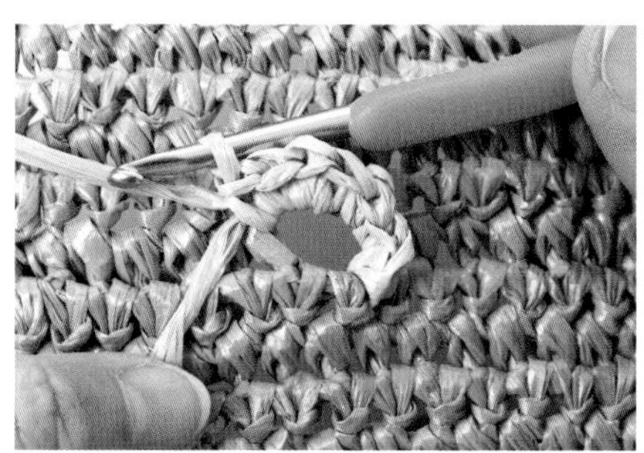

5　2のように穴のまわりの目をすくいながらこま編みを編む(全体で12目編むので、穴の1/4に3目を目安にする)。

6　こま編みを12目編んだら、最初のこま編みに引き抜き編みを編む。

口金について

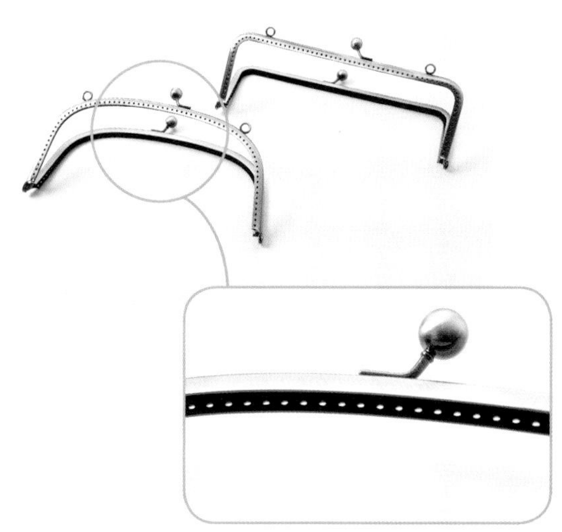

手芸用の口金は形や大きさなどいろいろあり、接着剤や編みつけるタイプもありますが、ここでは縫いつけるタイプ（口金に穴があいている）を使いました。テグスで縫いつけていますが、丈夫な糸であればなんでもOKです。針はテグスや糸が通るくらいの大きめな針穴の縫い針を使います。

p.80のハンドバッグは、バッグの中央とわきを決めます。口金の中央とバッグの中央、バッグのわきと口金の両端を合わせ、編み地の端を少し裏に折り、口金の穴が見えないように重ねて数か所仮止め（穴に編み地を縫いつける）をします。表からは縫い目が見えないように返し縫いでつけます。

p.84のリボンのハンドバッグは、バッグの中央とわきを決めます。口金の中央とバッグの中央、バッグのわきと口金の両端を合わせて口金の溝に編み地の端を入れ、数か所仮止めしてから返し縫いでつけます。

クラッチバッグ

⇒写真 p.45

［でき上がりサイズ］
幅26㎝　深さ18㎝

［材料と用具］
糸　ハマナカ エコアンダリヤ
　　メタリックレッド(178)80g
針　ハマナカアミアミ両かぎ針ラクラク6/0号
その他　長さ 20㎝のファスナー　手縫い糸　手縫い針

［ゲージ］こま編み、模様編み　15目×15段＝10㎝角

［編み方］糸は1本どり。
1 側面はくさり編みで作り目し、こま編みと模様編みで図のように編みます。
2 続けて持ち手をこま編みで編みます。
3 仕上げ方の①～③の番号順に作ります。

持ち手
(こま編み)
24㎝＝32段
1㎝＝●+○から2目拾う

寸法図

わき　1目(○)　わき　1目(●)
側面
(こま編み)
7段
(模様編み)　(模様編み)
9㎝＝14段
18㎝＝28段
7目　7目　7目　7目
17㎝=25目　17㎝=25目
7段
52㎝=作り目の上下から78目拾い、輪にする
26㎝=くさり編み39目作り目
立ち上がり位置

◐◑＝合印。続けて輪に編む

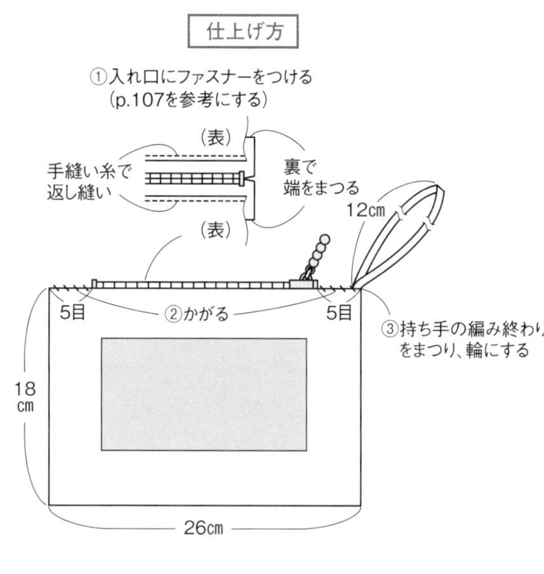
仕上げ方
①入れ口にファスナーをつける
(p.107を参考にする)
(表)
手縫い糸で
返し縫い
裏で
端をまつる
(表)
12㎝
5目
②かがる
5目
③持ち手の編み終わり
をまつり、輪にする
18㎝
26㎝

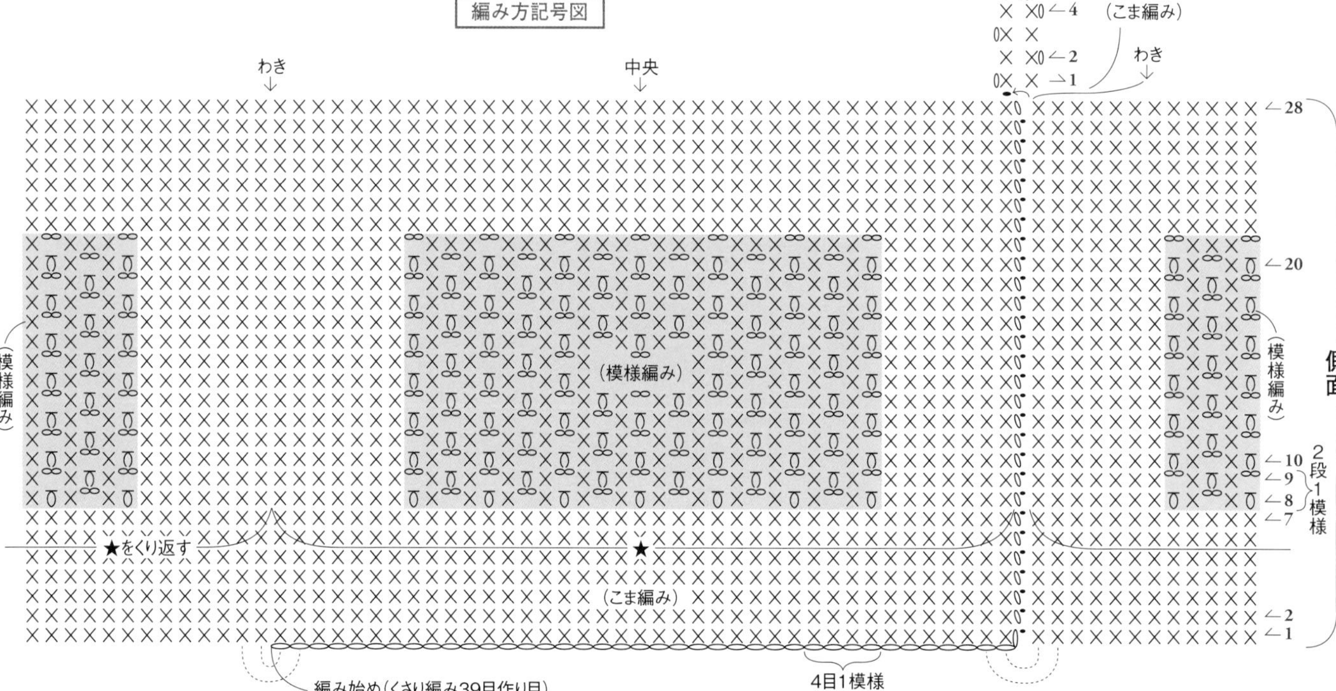
編み方記号図
編み終わり
32
31
増減なし
4
2
1
持ち手
(こま編み)
わき
わき
中央
28
20
10
9
8
7
2段1模様
側面
(模様編み)
(模様編み)
(模様編み)
★をくり返す
★
(こま編み)
2
1
編み始め(くさり編み39目作り目)
4目1模様

⬭ ＝くさり編み　╳＝こま編み　● ＝引き抜き編み

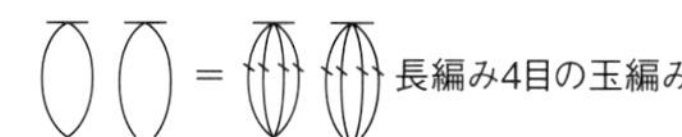
長編み4目の玉編み

サコッシュ

⇒写真 p.46

［でき上がりサイズ］
幅18cm　深さ22cm

［材料と用具］
糸　ハマナカ コマコマ　生成り(1)125g
針　ハマナカアミアミ両かぎ針ラクラク8/0号

［ゲージ］長編み　12目×5段＝10cm角

［編み方］糸は1本どり。
1 側面はくさり編みで作り目し、長編みとこま編みで図のように編みます。
2 さげ手は同様に作り目し、こま編みで編みます。
3 仕上げ方の①〜③の番号順に作ります。

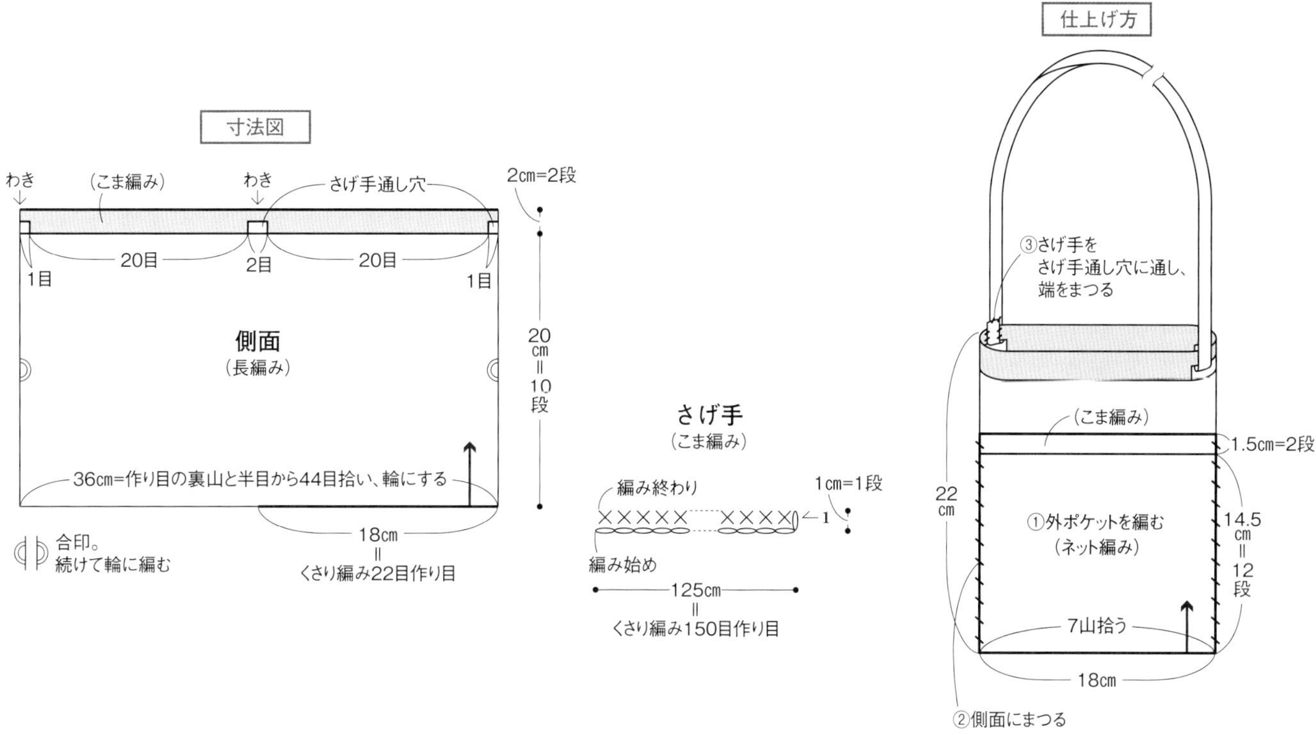

寸法図
わき
(こま編み)
わき
さげ手通し穴
2cm=2段
20目
2目
20目
1目
1目
側面
(長編み)
20cm=10段
36cm=作り目の裏山と半目から44目拾い、輪にする
18cm＝くさり編み22目作り目
合印。続けて輪に編む
さげ手
(こま編み)
編み終わり
1cm=1段
編み始め
125cm＝くさり編み150目作り目
仕上げ方
③さげ手をさげ手通し穴に通し、端をまつる
(こま編み)
1.5cm=2段
22cm
①外ポケットを編む
(ネット編み)
14.5cm＝12段
7山拾う
18cm
②側面にまつる

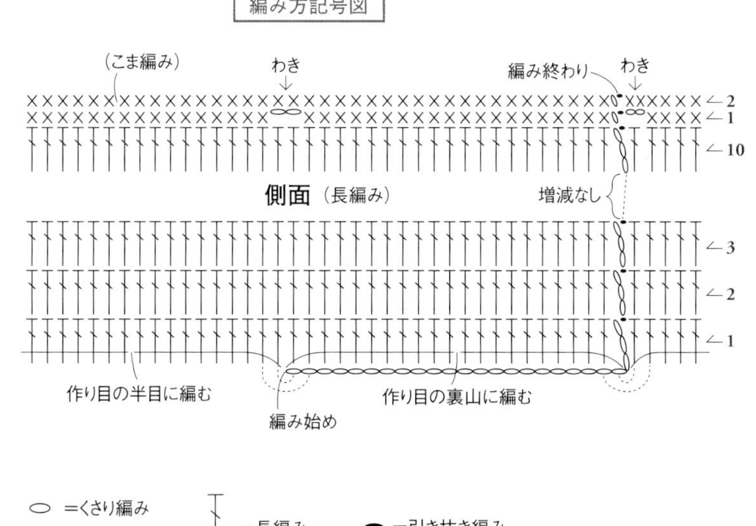

編み方記号図
(こま編み)
わき
編み終わり
わき
側面 (長編み)
増減なし
作り目の半目に編む
編み始め
作り目の裏山に編む

＝くさり編み
＝こま編み
＝長編み
＝引き抜き編み

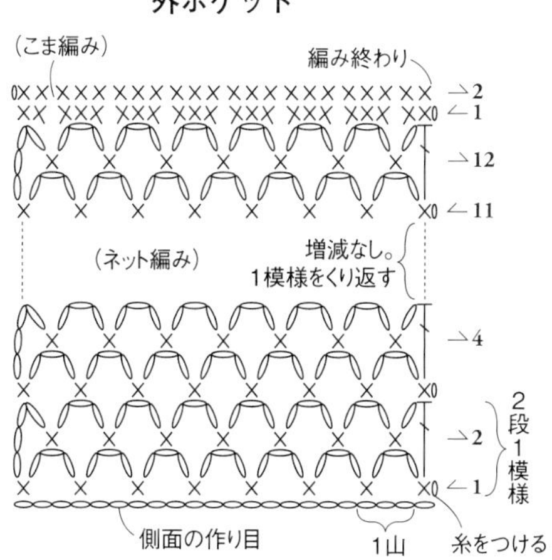

外ポケット
(こま編み)
編み終わり
(ネット編み)
増減なし。1模様をくり返す
2段1模様
側面の作り目
1山
糸をつける

※1段めは作り目の残りの糸1本をすくう

キャスケット

⇒写真 p.47

［でき上がりサイズ］
頭まわり52cm　深さ21cm

［材料と用具］

糸　ハマナカ フラックスK
濃グレー(201)、グレー(208)各75g

針　ハマナカアミアミ片かぎ針<金属製>
7/0号、6/0号

［ゲージ］こま編み　17目×16.5段＝10cm角

［編み方］糸はつまみ以外、指定の2本どり。

1 トップは糸端を輪にする作り目(2回巻き)でこま編みを図のように編み、続けてサイドはこま編みのしま、ブリムはこま編みを編みます。

2 続けてサイドとブリムに縁編みを編みます。

3 つまみを編み、トップにつけます。

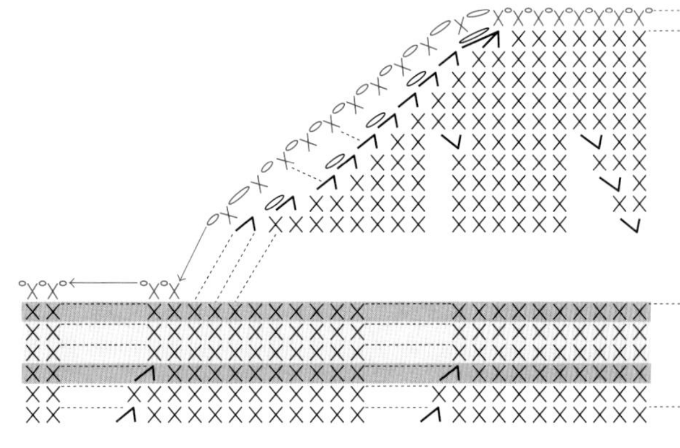

寸法図

14.5cm＝24段
トップ
(こま編み)7/0号針
濃グレーとグレーの2本どり
70cm＝120目
6.5cm＝11段
6cm＝10段
52cm＝88目
40目
ブリム
(こま編み)7/0号針
濃グレーとグレーの2本どり
サイド
(こま編みのしま)
7/0号針
2本どり

仕上げ方

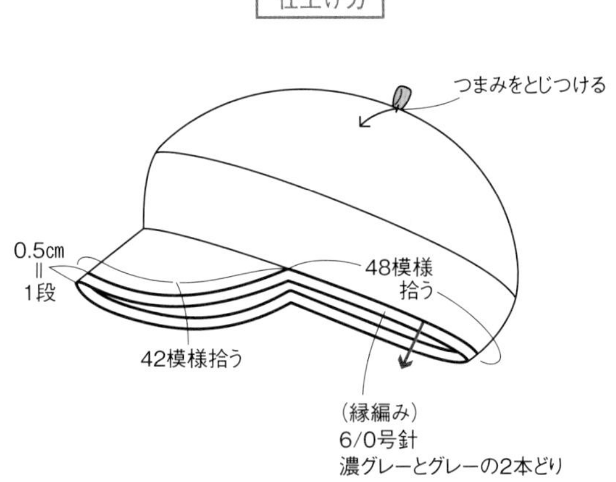
つまみをとじつける
0.5cm
=
1段
48模様
拾う
42模様拾う
(縁編み)
6/0号針
濃グレーとグレーの2本どり

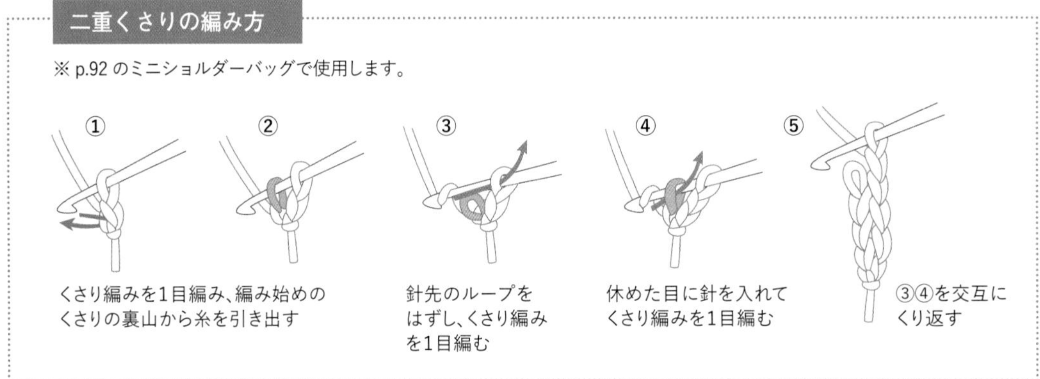

二重くさりの編み方

※ p.92 のミニショルダーバッグで使用します。

① くさり編みを1目編み、編み始めのくさりの裏山から糸を引き出す

②

③ 針先のループをはずし、くさり編みを1目編む

④ 休めた目に針を入れてくさり編みを1目編む

⑤ ③④を交互にくり返す

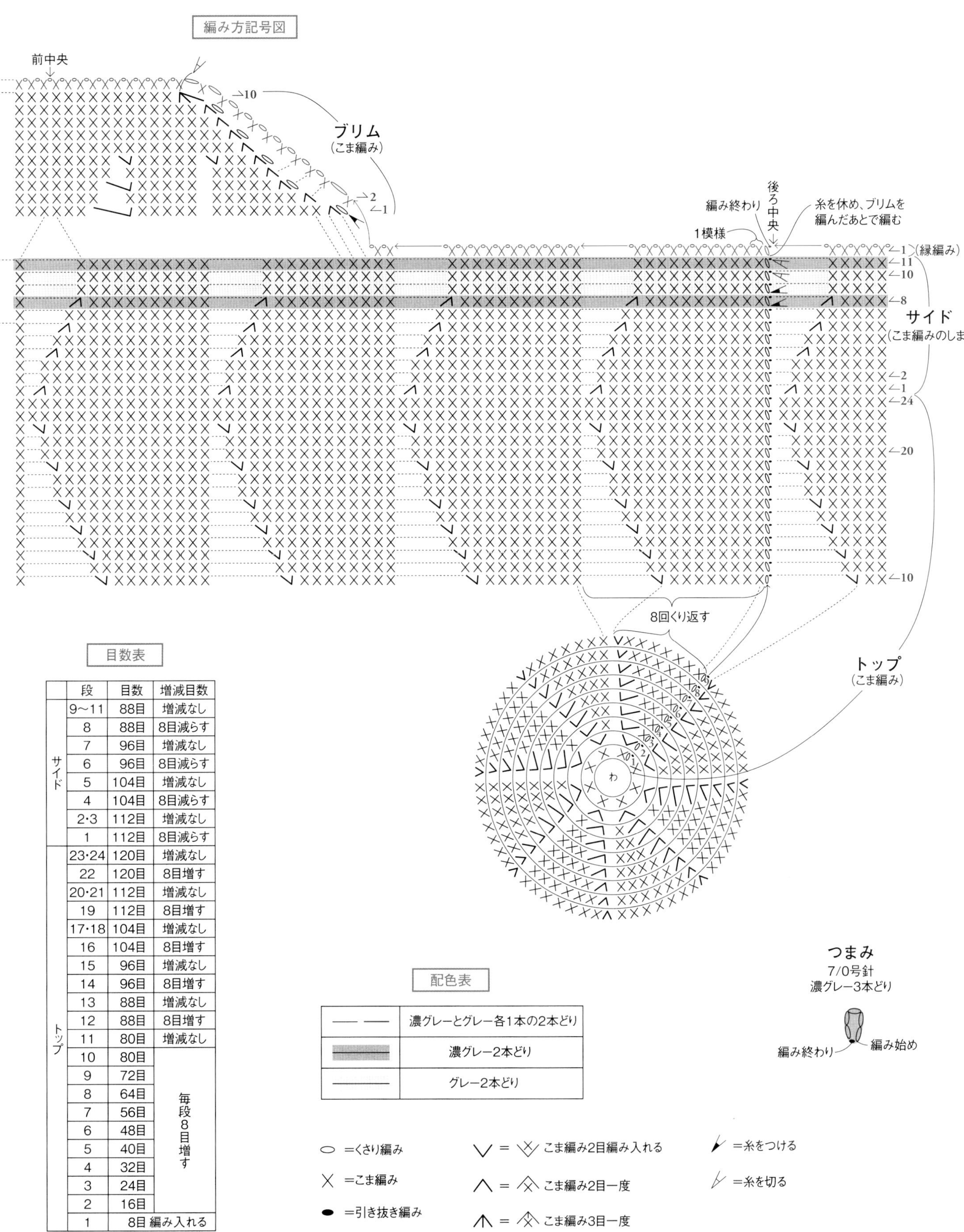

編み方記号図
前中央
ブリム
(こま編み)
後ろ中央
編み終わり
糸を休め、ブリムを編んだあとで編む
1模様
(縁編み)
サイド
(こま編みのしま)
8回くり返す
トップ
(こま編み)
わ
つまみ
7/0号針
濃グレー3本どり
編み終わり
編み始め
=くさり編み
=こま編み
=引き抜き編み
= こま編み2目編み入れる
= こま編み2目一度
= こま編み3目一度
=糸をつける
=糸を切る

目数表

	段	目数	増減目数
サイド	9〜11	88目	増減なし
	8	88目	8目減らす
	7	96目	増減なし
	6	96目	8目減らす
	5	104目	増減なし
	4	104目	8目減らす
	2･3	112目	増減なし
	1	112目	8目減らす
トップ	23･24	120目	増減なし
	22	120目	8目増す
	20･21	112目	増減なし
	19	112目	8目増す
	17･18	104目	増減なし
	16	104目	8目増す
	15	96目	増減なし
	14	96目	8目増す
	13	88目	増減なし
	12	88目	8目増す
	11	80目	増減なし
	10	80目	毎段8目増す
	9	72目	
	8	64目	
	7	56目	
	6	48目	
	5	40目	
	4	32目	
	3	24目	
	2	16目	
	1	8目 編み入れる	

配色表

	濃グレーとグレー各1本の2本どり
	濃グレー2本どり
	グレー2本どり

ストライプのバッグ

⇒写真 p.48

［でき上がりサイズ］

底幅33.5cm　まち幅9cm　深さ36cm

［材料と用具］

糸　ハマナカ フラックスK　水色(212)、ブルーグリーン(213)各90g　紺(16)45g

針　ハマナカアミアミ両かぎ針ラクラク4/0号

［ゲージ］

模様編み　27目＝10cm、8段＝6cm

こま編み　25目＝10cm、12段＝4cm

［編み方］糸は1本どり。

1 側面は図のように左右でそれぞれくさり編みで作り目し、模様編みのしまを5段編んだら6～51段めは左右を続けて編み、52段めからは左右を別々に編みます。

2 持ち手は同様に作り目し、こま編みを編みます。同じものを2枚編みます。

3 仕上げ方の①～④の番号順に作ります。

寸法図

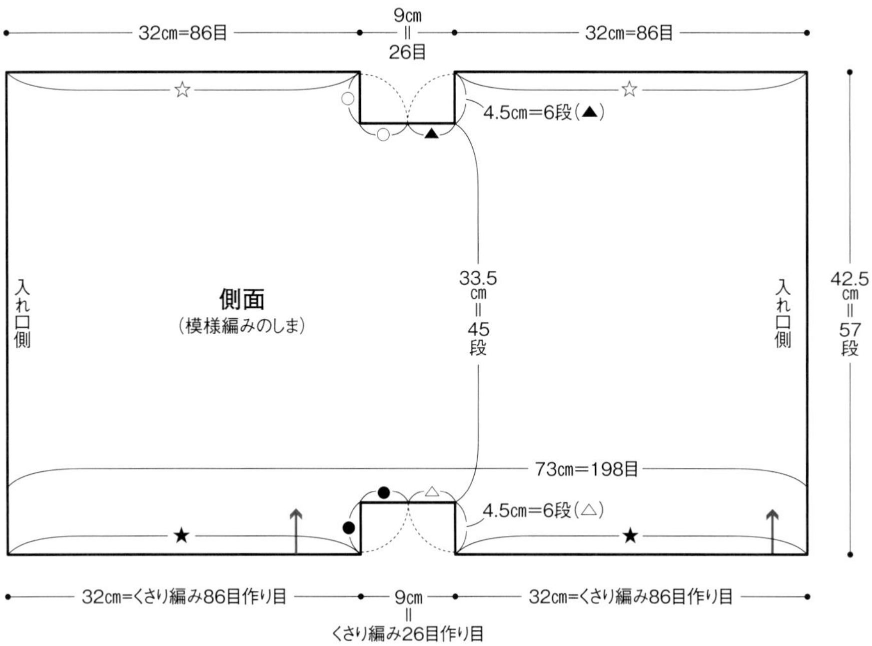

32cm=86目
9cm＝26目
32cm=86目
☆
4.5cm=6段(▲)
33.5cm＝45段
42.5cm＝57段
入れ口側
側面
(模様編みのしま)
入れ口側
73cm=198目
4.5cm=6段(△)
★
32cm=くさり編み86目作り目
9cm＝くさり編み26目作り目
32cm=くさり編み86目作り目

持ち手 2本　(こま編み)紺

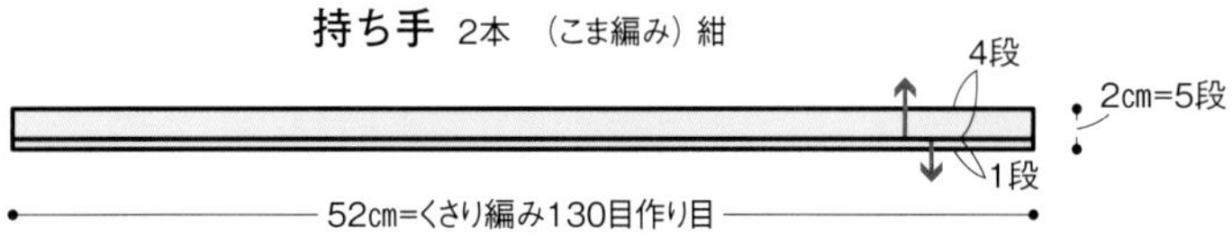

4段
1段
2cm=5段
52cm=くさり編み130目作り目

仕上げ方

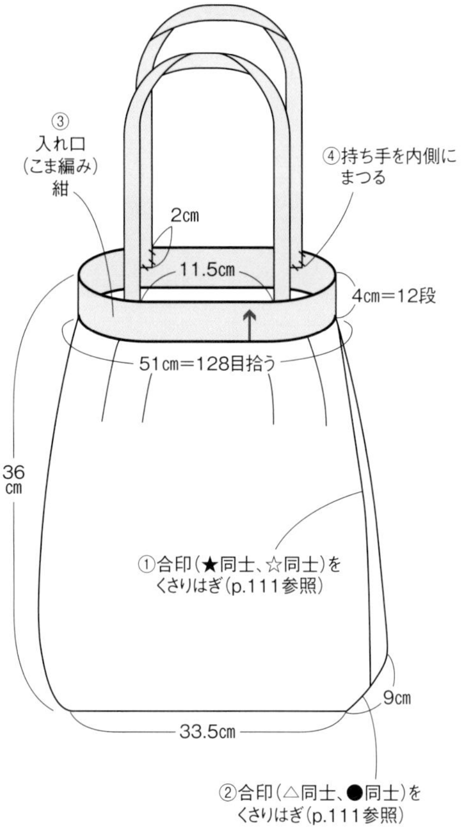

③入れ口(こま編み)紺
④持ち手を内側にまつる
2cm
11.5cm
4cm=12段
51cm=128目拾う
36cm
①合印(★同士、☆同士)をくさりはぎ(p.111参照)
9cm
33.5cm
②合印(△同士、●同士)をくさりはぎ(p.111参照)

編み方記号図

持ち手

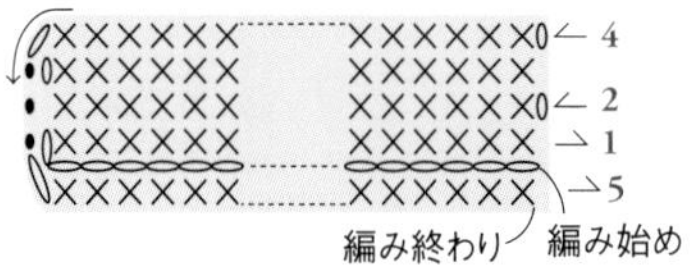

4
2
1
5
編み終わり
編み始め

入れ口

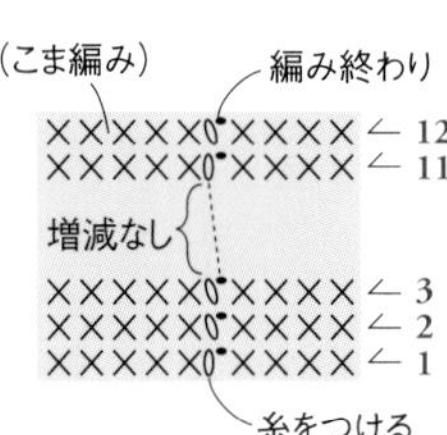
(こま編み)
編み終わり
12
11
増減なし
3
2
1
糸をつける

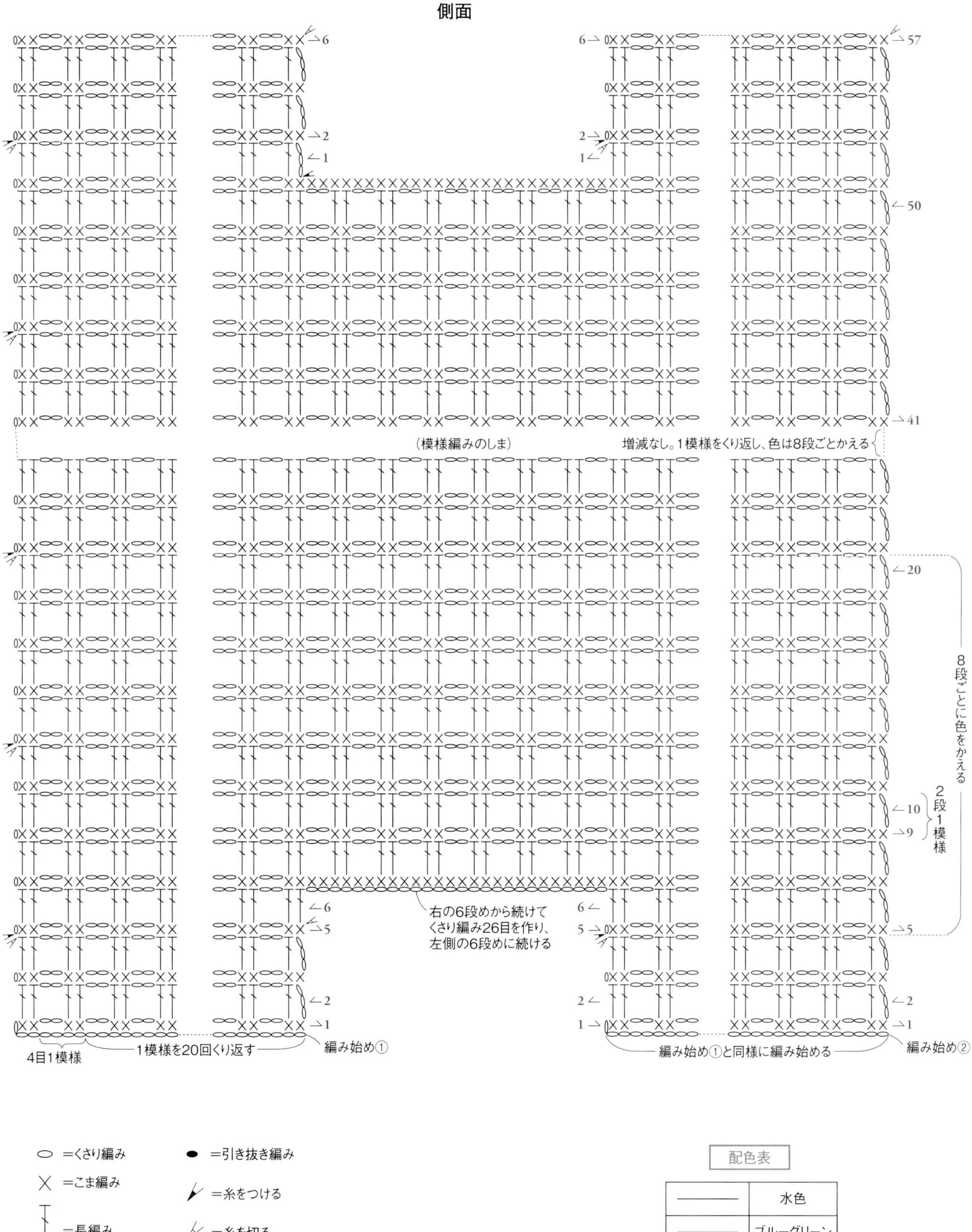
側面
（模様編みのしま）
増減なし。1模様をくり返し、色は8段ごとかえる
8段ごとに色をかえる
2段1模様
右の6段めから続けてくさり編み26目を作り、左側の6段めに続ける
4目1模様
1模様を20回くり返す
編み始め①
編み始め①と同様に編み始める
編み始め②
=くさり編み
=こま編み
=長編み
=引き抜き編み
=糸をつける
=糸を切る
配色表
水色
ブルーグリーン

A

B

バネ口金のポーチ

⇒写真 p.49

[でき上がりサイズ]
入れ口幅13㎝　深さ10㎝

[材料と用具]

糸　ハマナカ フラックスK
A 水色(212)45g
B ブルーグリーン(213)45g

針　ハマナカアミアミ両かぎ針ラクラク5/0号

その他(1個分)　ハマナカバネ口金・大(H207-014／約13㎝×1.5㎝)1個　ハンマー

[ゲージ] 長編みのすじ編み　22目×9段＝10㎝角

[編み方] 糸は1本どり。

1 側面はくさり編みで作り目し、長編みのすじ編みを図のように輪に編みます。
2 続けて入れ口を模様編みで、それぞれ往復に編みます。
3 側面の指定の位置にフリルを編みます。
4 入れ口にバネ口金をつけます。

バネ口金

バネ口金には上下があります。片側はネジがはまっているので、その向きに合わせます。ネジを打ち込むためのハンマーを材料に表記していますが、ないときは固いものでたたきます。

寸法図

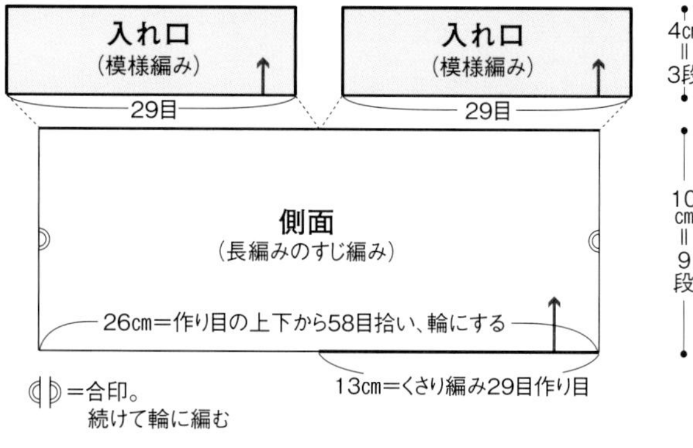
入れ口
(模様編み)
29目
入れ口
(模様編み)
29目
4㎝＝3段
側面
(長編みのすじ編み)
10㎝＝9段
26㎝＝作り目の上下から58目拾い、輪にする
13㎝＝くさり編み29目作り目
＝合印。
続けて輪に編む

仕上げ方

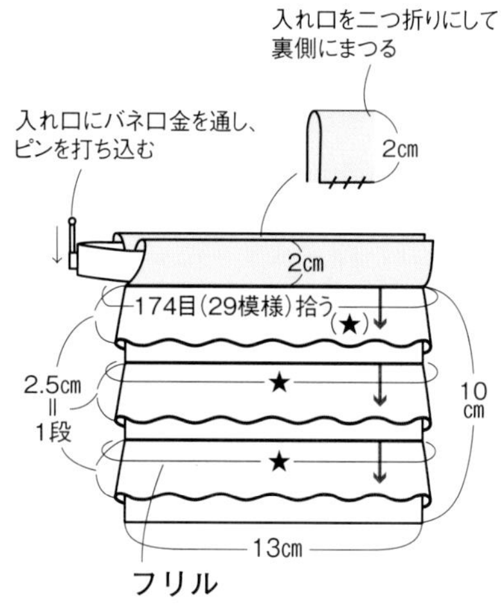
入れ口を二つ折りにして
裏側にまつる
2㎝
入れ口にバネ口金を通し、
ピンを打ち込む
2㎝
174目(29模様)拾う
2.5㎝＝1段
10㎝
13㎝
フリル

編み方記号図

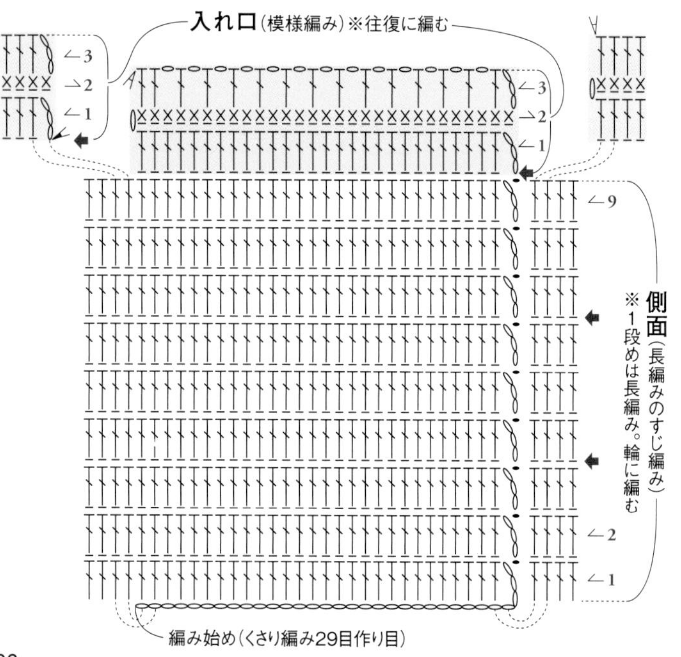
入れ口(模様編み)※往復に編む
3
2
1
9
2
1
側面(長編みのすじ編み)
※1段めは長編み。輪に編む
編み始め(くさり編み29目作り目)

フリル

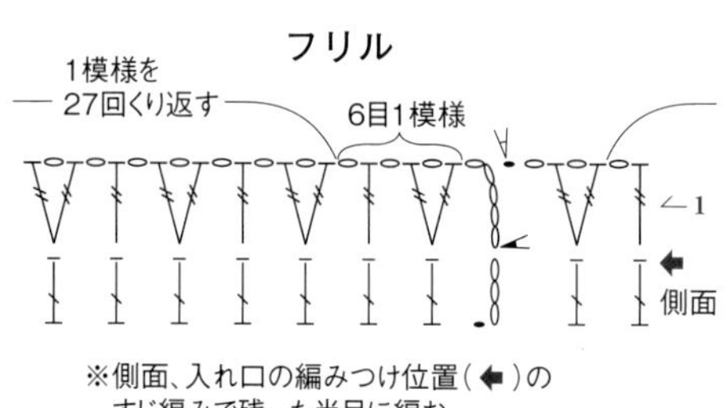
1模様を
27回くり返す
6目1模様
1
側面
※側面、入れ口の編みつけ位置(⬅)の
すじ編みで残った半目に編む

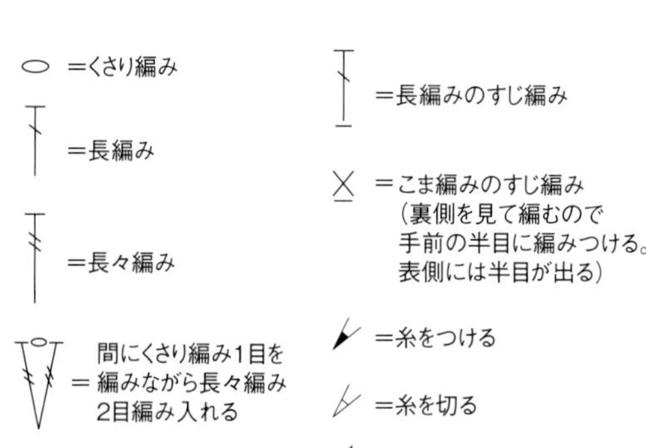
＝くさり編み
＝長編み
＝長々編み
間にくさり編み1目を
＝編みながら長々編み
2目編み入れる
＝引き抜き編み
＝長編みのすじ編み
＝こま編みのすじ編み
(裏側を見て編むので
手前の半目に編みつける。
表側には半目が出る)
＝糸をつける
＝糸を切る
＝フリル編みつけ位置

A

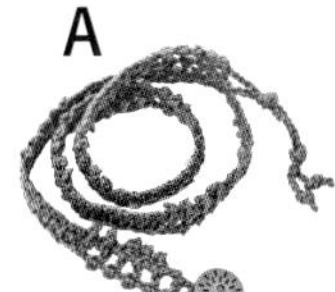

B

ブレスレット

⇒写真 p.53

［でき上がりサイズ］
図参照

［材料と用具］
糸　ハマナカ ウオッシュコットン《クロッシェ》
　A チャコールグレー(130)6g
　　からし色(104)、濃オレンジ(140)、
　　エメラルドグリーン(142)、
　　ターコイズブルー(144)各少々
　B 黒(120)6g
　　チャコールグレー(130)少々
針　ハマナカアミアミ両かぎ針
　ラクラク3/0号
その他(1個分)　直径1.8cmのボタン1個

［ゲージ］模様編み　31.5目＝10cm

［編み方］糸は1本どり。
1 くさり編みで作り目し、ボタン穴に通してから模様編みを図のように編みます。
2 作り目の反対側に縁編みを編みます。
3 仕上げ方の①～②の番号順に作ります。

寸法図

※糸は配色表参照

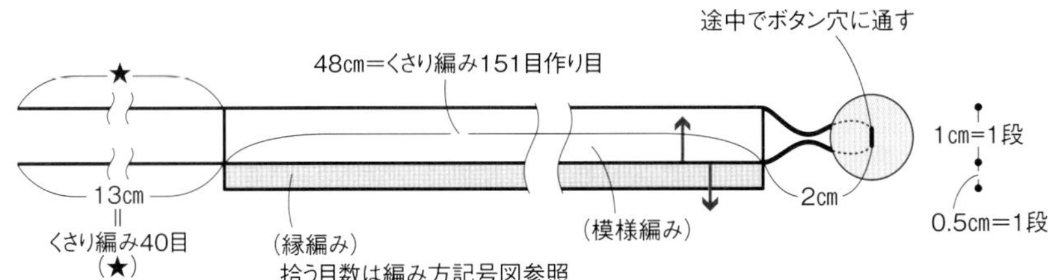

途中でボタン穴に通す
48cm＝くさり編み151目作り目
★
13cm
＝
くさり編み40目
(★)
(縁編み)
拾う目数は編み方記号図参照
(模様編み)
2cm
1cm＝1段
0.5cm＝1段

仕上げ方

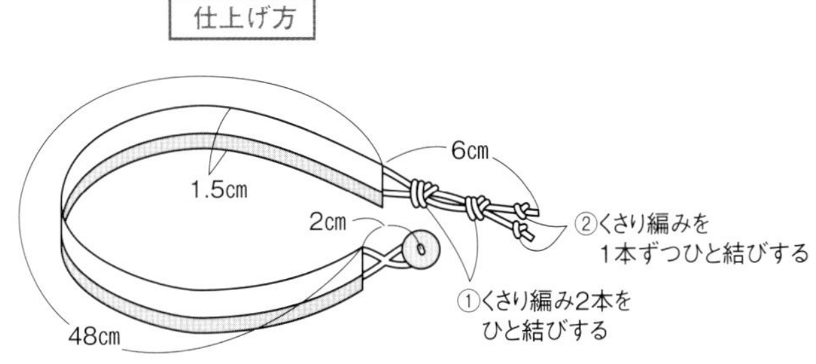

6cm
1.5cm
2cm
48cm
②くさり編みを
1本ずつひと結びする
①くさり編み2本を
ひと結びする

配色表

	A	B
(模様編み)	チャコールグレー	黒
(縁編み)	チャコールグレー	黒
(模様)	1、7模様め…濃オレンジ 2、6模様め…からし色 3、5模様め…エメラルドグリーン 4模様め……ターコイズブルー	チャコール グレー

○＝くさり編み

長編み記号＝長編み

＝くさり編み2目のピコット

●＝引き抜き編み

の編み方はp.105参照

引き抜き編みは
このくさり編みの目に編む

＝糸をつける

＝糸を切る

編み方記号図

(模様編み)
ボタン
くさり編み10目を編んだら
ボタン穴に通してから引き抜き編みを編む
10目
(縁編み)
1模様(作り目20目)★
★を6回くり返す
40目
40目
編み始め

スクエアバッグ

⇒写真 p.50

［でき上がりサイズ］
幅25cm　まち12cm　深さ17cm

［材料と用具］
糸　ハマナカ エコアンダリヤ
生成り（168）120g
コーラルピンク（164）55g
針　ハマナカアミアミ両かぎ針
ラクラク6/0号

［ゲージ］模様編み、こま編み
20目×19.5段＝10cm角

［編み方］糸は1本どり。

1 底はくさり編みで作り目し、模様編みで図のように編みます。

2 続けて底のまわりに側面をこま編み、まちを模様編みで毎段編み地の向きをかえながら輪に編みます。

3 持ち手は指定の位置に糸をつけ、模様編みを編みます。

4 仕上げ方の①～②の番号順に持ち手を作ります。

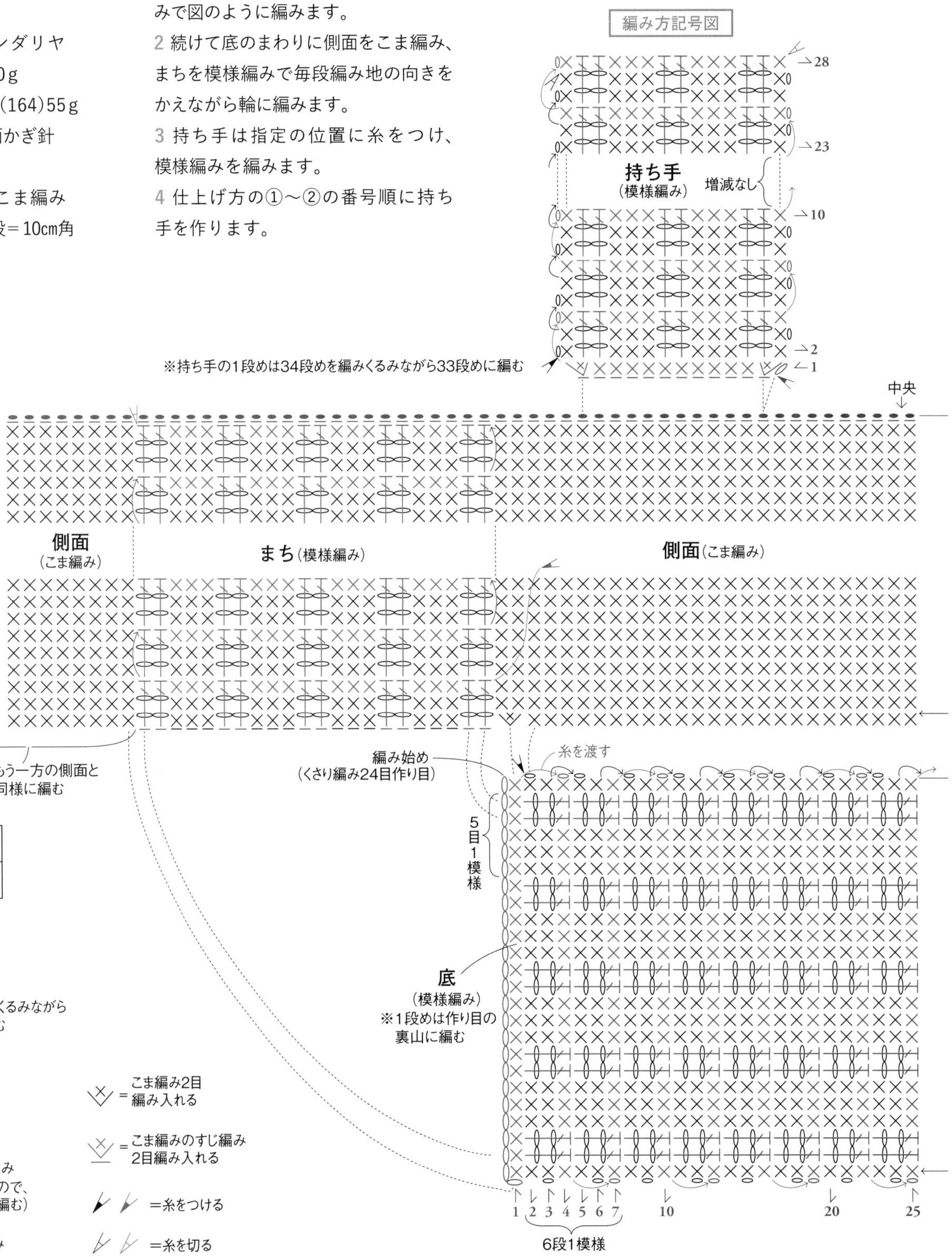

編み方記号図

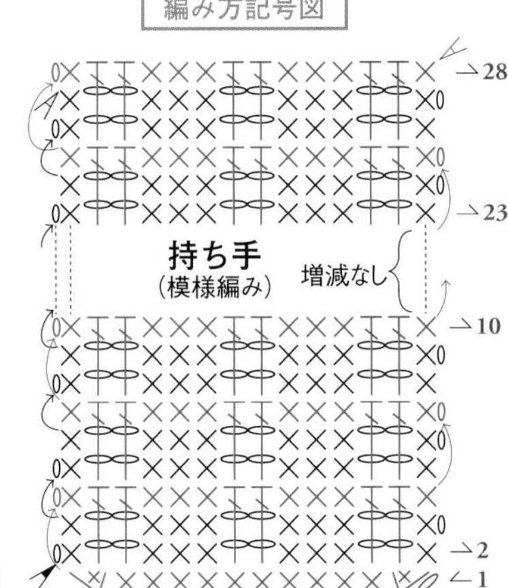
28
23
持ち手
（模様編み）
増減なし
10
2
1

※持ち手の1段めは34段めを編みくるみながら33段めに編む

中央

側面（こま編み）
まち（模様編み）
側面（こま編み）

もう一方の側面と同様に編む

編み始め（くさり編み24目作り目）
糸を渡す
5目1模様
底（模様編み）
※1段めは作り目の裏山に編む

1 2 3 4 5 6 7 10 20 25
6段1模様

配色表

——	生成り
——	コーラルピンク

○ ＝くさり編み

×× ＝こま編み

＝1段下、2段下を編みくるみながら3段下に長編みを編む（p.71の要領で編む）

＝長編みのすじ編み

＝引き抜き編みのすじ編み（編み地の裏側で編むので、前段の手前の半目に編む）

＝こま編みのすじ編み

＝こま編み2目編み入れる

＝こま編みのすじ編み2目編み入れる

＝糸をつける

＝糸を切る

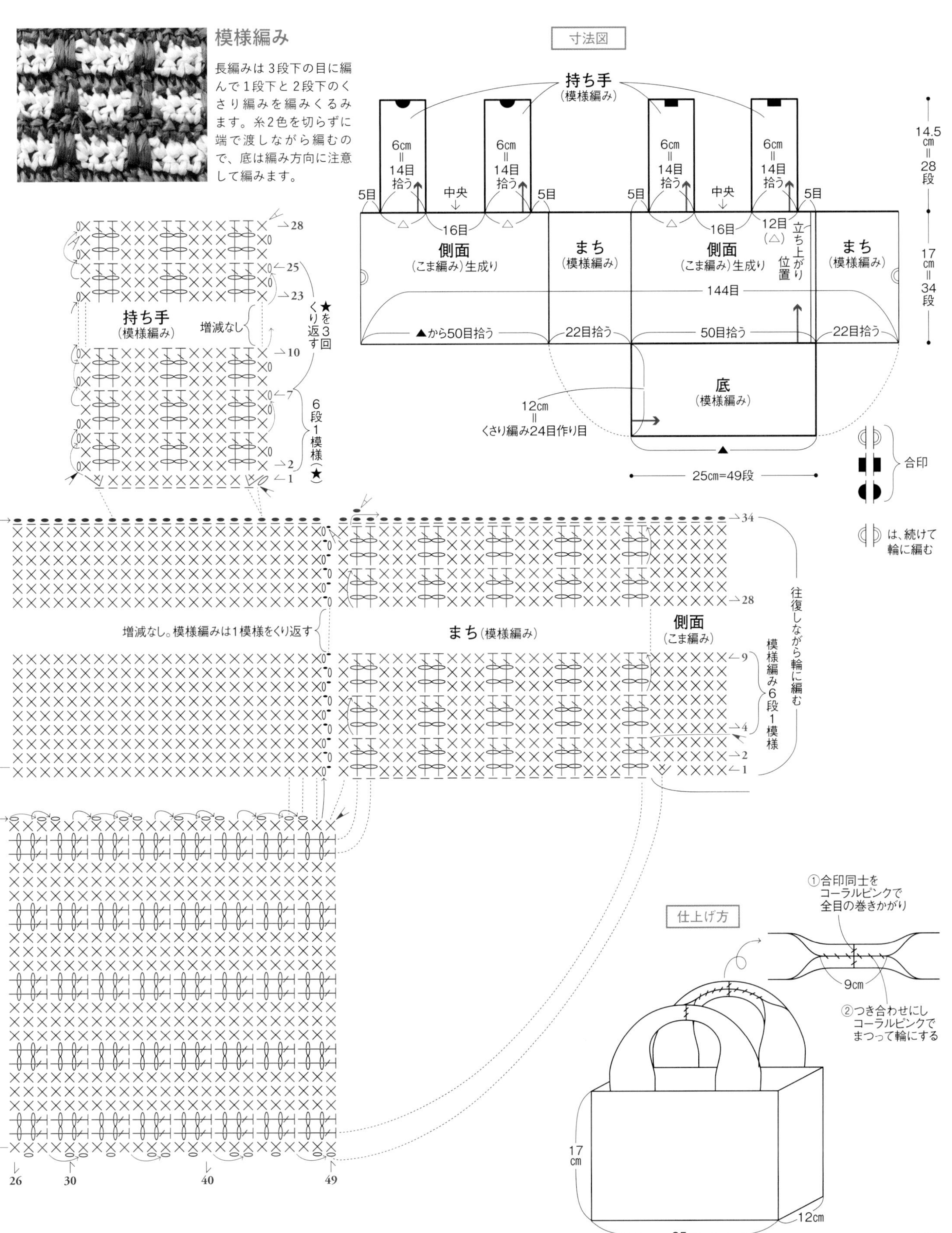

模様編み
長編みは3段下の目に編んで1段下と2段下のくさり編みを編みくるみます。糸2色を切らずに端で渡しながら編むので、底は編み方向に注意して編みます。
寸法図
持ち手
(模様編み)
6cm
=
14目
拾う
5目
中央
16目
12目
(△)
立ち上がり位置
側面
(こま編み)生成り
まち
(模様編み)
144目
▲から50目拾う
22目拾う
50目拾う
14.5cm=28段
17cm=34段
底
(模様編み)
12cm
=
くさり編み24目作り目
25cm=49段
合印
は、続けて輪に編む
持ち手
(模様編み)
増減なし
★をくり返す3回
6段1模様(★)
増減なし。模様編みは1模様をくり返す
まち(模様編み)
側面
(こま編み)
模様編み6段1模様
往復しながら輪に編む
仕上げ方
①合印同士をコーラルピンクで全目の巻きかがり
9cm
②つき合わせにしコーラルピンクでまつって輪にする
17cm
25cm
12cm

A

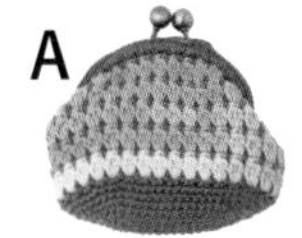

B

C

がま口ポーチ

⇒写真 p.51

［でき上がりサイズ］深さ10㎝

［材料と用具］

糸　ハマナカ ウオッシュコットン《グラデーション》20g

A ブルー系(309)　**B** パステルミックス(312)

C 黄緑系(305)

ハマナカ ウオッシュコットン 15g

A チャコールグレー(39)　**B** 茶色(38)

C 淡茶(23)

針　ハマナカアミアミ片かぎ針<金属製>5/0号、4/0号

その他(1個分)　編みつける口金(くし形)・アンティーク

(H207-022-4 ／ヨコ約9㎝×タテ約4.5㎝)

［ゲージ］こま編み　24目＝10㎝、8段＝3㎝

模様編み　24目＝10㎝、11段＝7㎝

［編み方］糸は1本どり。

1 5/0号針を使い、底はくさり編みで作り目し、こま編みで図のように編みます。

2 続けて側面を模様編みで毎段編み地の向きをかえながら輪に編みます。

3 4/0号針にかえ、こま編みで口金を編みくるみます。

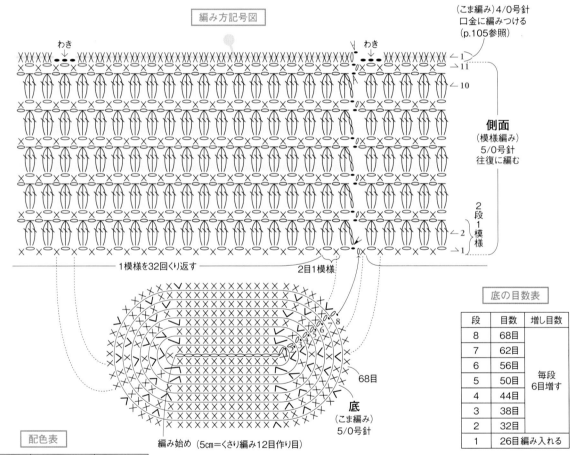

編み方記号図

わき　わき

(こま編み)4/0号針
口金に編みつける
(p.105参照)

側面
(模様編み)
5/0号針
往復に編む

2段1模様

1模様を32回くり返す

2目1模様

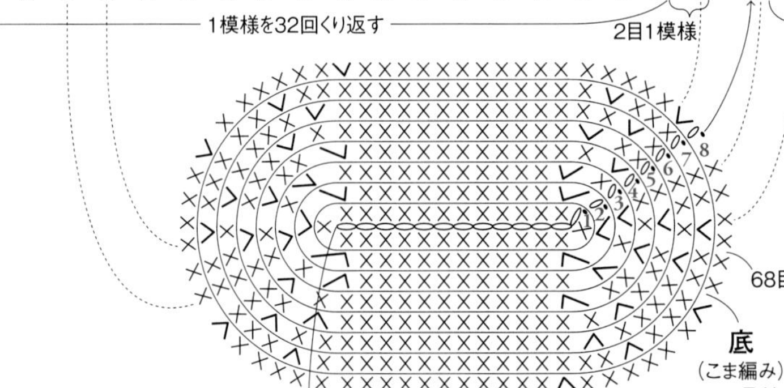

68目
底
(こま編み)
5/0号針
編み始め (5㎝＝くさり編み12目作り目)

底の目数表

段	目数	増し目数
8	68目	毎段6目増す
7	62目	
6	56目	
5	50目	
4	44目	
3	38目	
2	32目	
1	26目編み入れる	

配色表

	A	B	C
———	チャコールグレー	茶色	淡茶
———	ブルー系	パステルミックス	黄緑系

○ ＝くさり編み

× ＝こま編み

＝長編み3目の玉編み

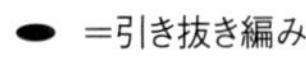

＝引き抜き編み

＝こま編み2目編み入れる

＝糸をつける

＝糸を切る

口金の編みつけ位置

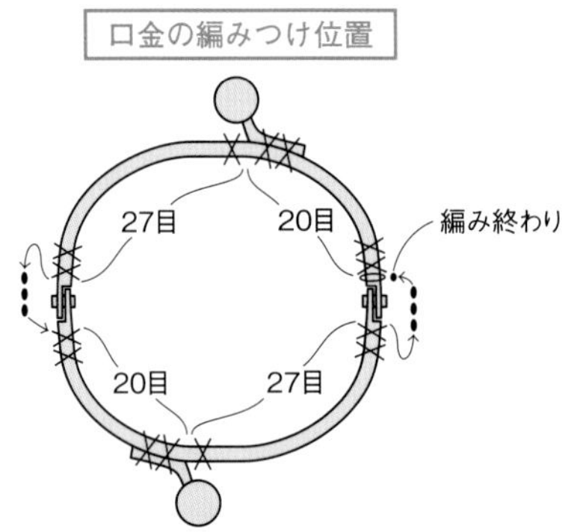

27目
20目
編み終わり
20目
27目

仕上げ方

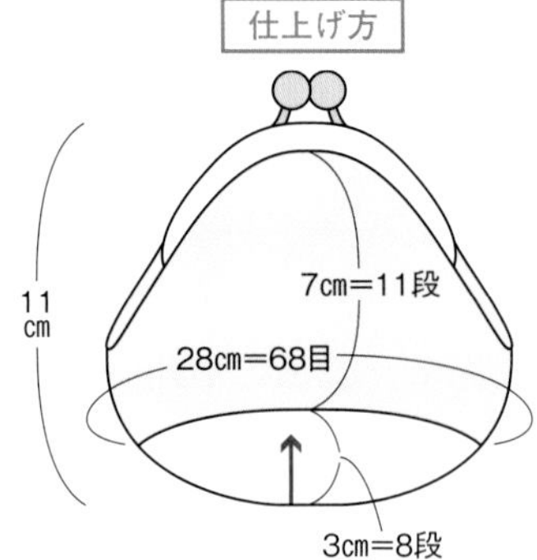

11㎝
7㎝＝11段
28㎝＝68目
3㎝＝8段

口金の編みつけ方

※ p.104 の記号図、口金の編みつけ位置を見ながら編みます。

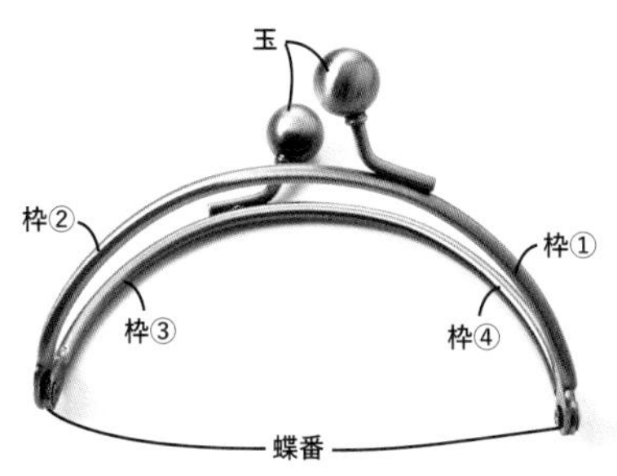

玉
枠②
枠①
枠③
枠④
蝶番

1 口金の玉を開き、枠①〜④の番号順に編みつける。

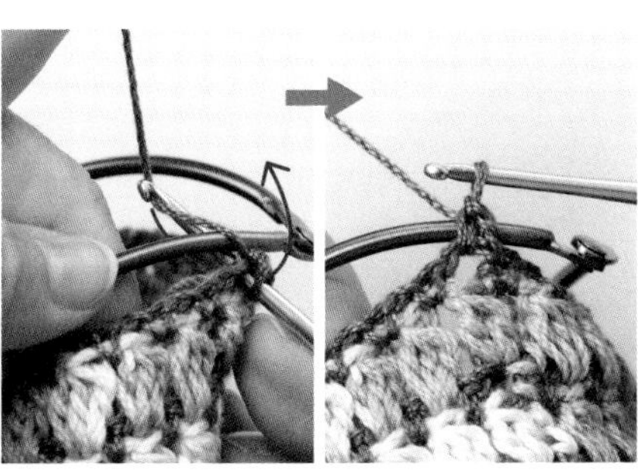

2 立ち上がりのくさり編み1目を編む。前段のくさり編みをそっくりすくい、針に口金の枠①をのせて上から針に糸をかけて引き出し、こま編みを編む。

3 口金を編みくるみながらこま編みを全部で20目編む。

4 続けて枠②はこま編みを 27目編みくるむ。

5 蝶番のところは側面に引き抜き編みを 3目編む。

6 2（立ち上がりのくさり編みを除く）〜 5をくり返して枠③、枠④、もう片方の蝶番（側面に編む）を編み、最初のこま編みに引き抜き編みを編む。

の編み方

※ p.101 ブレスレットの模様編みで編む記号です。作品 A で解説しています。

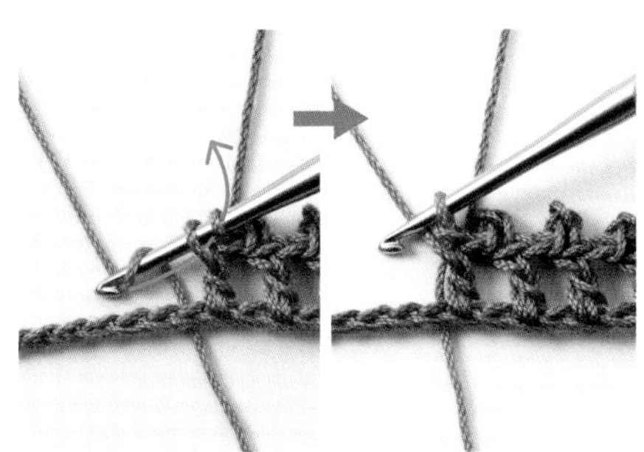

1 チャコールグレーの糸で長編みの途中まで編み、濃オレンジの糸をかけて一度に引き抜く。

2 くさり編みを 4目編む。

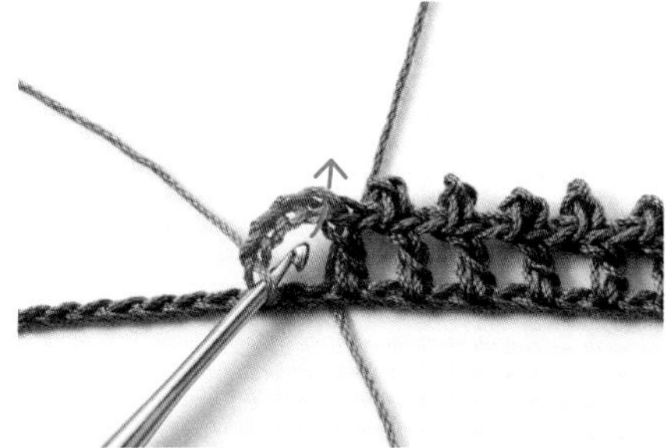

3 左から右に輪を作るように針を動かし、くさり編みの1目めに針を入れる。

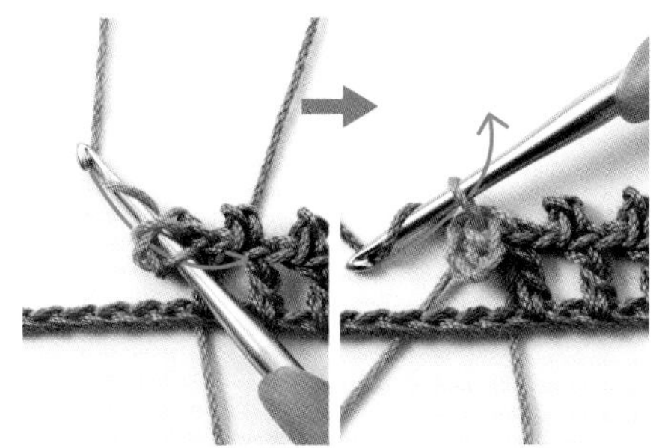

4 針に糸をかけて引き抜き編みを編み、チャコールグレーの糸をかけてくさり編みを 1目編む。

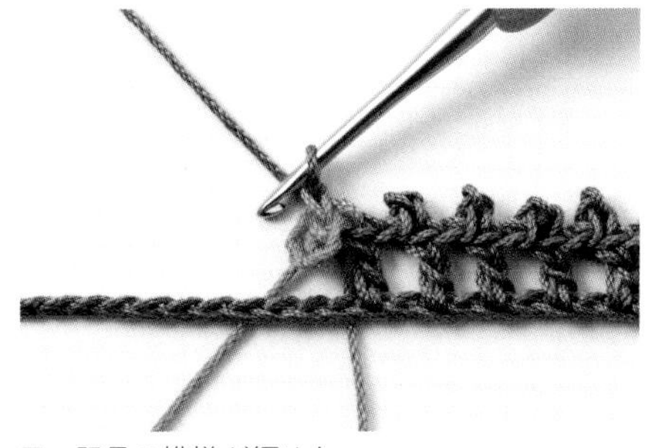

5 記号の模様が編めた。

6 1〜5を 4回くり返す。

A

B

半円ポーチ

⇒写真 p.52

［でき上がりサイズ］
入れ口幅22cm　深さ11.5cm

［材料と用具］
糸　ハマナカ フラックスK
　A 白(11)50g
　B ピンク(206)50g
針　ハマナカアミアミ両かぎ針ラクラク5/0号
その他(1個分)　長さ 20cmのファスナー 1本
　手縫い糸　手縫い針　厚紙

［ゲージ］模様編み　12段＝11cm

［編み方］糸は1本どり。
1 本体は糸端を輪にする作り目(2回巻き)で図のように模様編みと縁編みを編みます。同じものを2枚編みます。
2 本体の指定の位置に飾りを編みます。
3 ひもをくさり編みで編みます。
4 仕上げ方の①～④の番号順に作ります。

寸法図

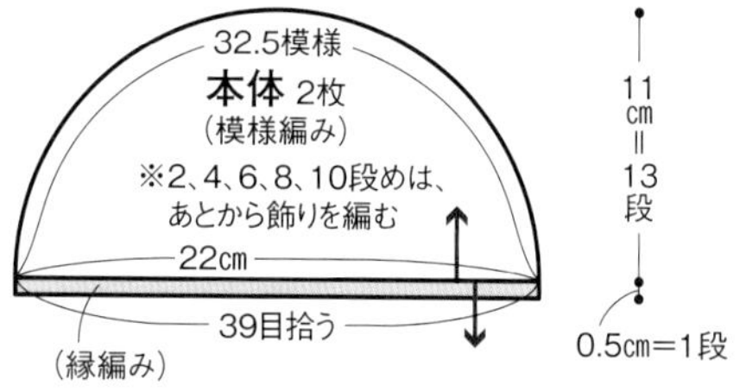

32.5模様
本体 2枚
(模様編み)
※2、4、6、8、10段めは、あとから飾りを編む
22cm
39目拾う
(縁編み)
11cm＝13段
0.5cm＝1段

仕上げ方

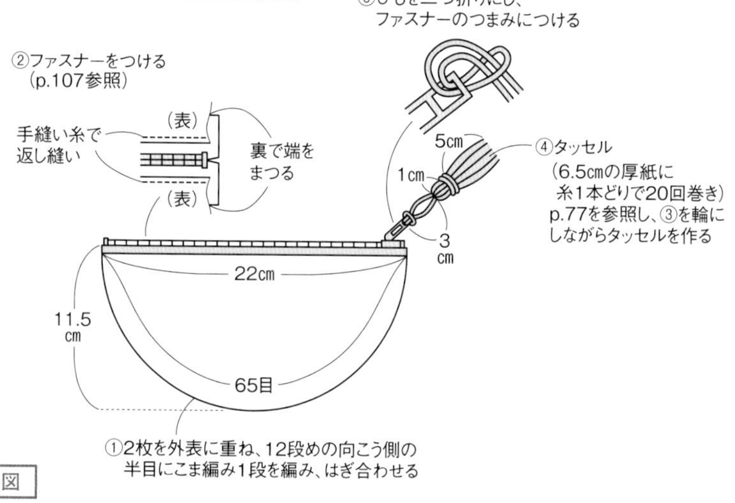

②ファスナーをつける(p.107参照)
手縫い糸で返し縫い
(表)
(表)
裏で端をまつる
③ひもを二つ折りにし、ファスナーのつまみにつける
5cm
1cm
④タッセル
(6.5cmの厚紙に糸1本どりで20回巻き)
p.77を参照し、③を輪にしながらタッセルを作る
3cm
22cm
11.5cm
65目
①2枚を外表に重ね、12段めの向こう側の半目にこま編み1段を編み、はぎ合わせる

編み方記号図

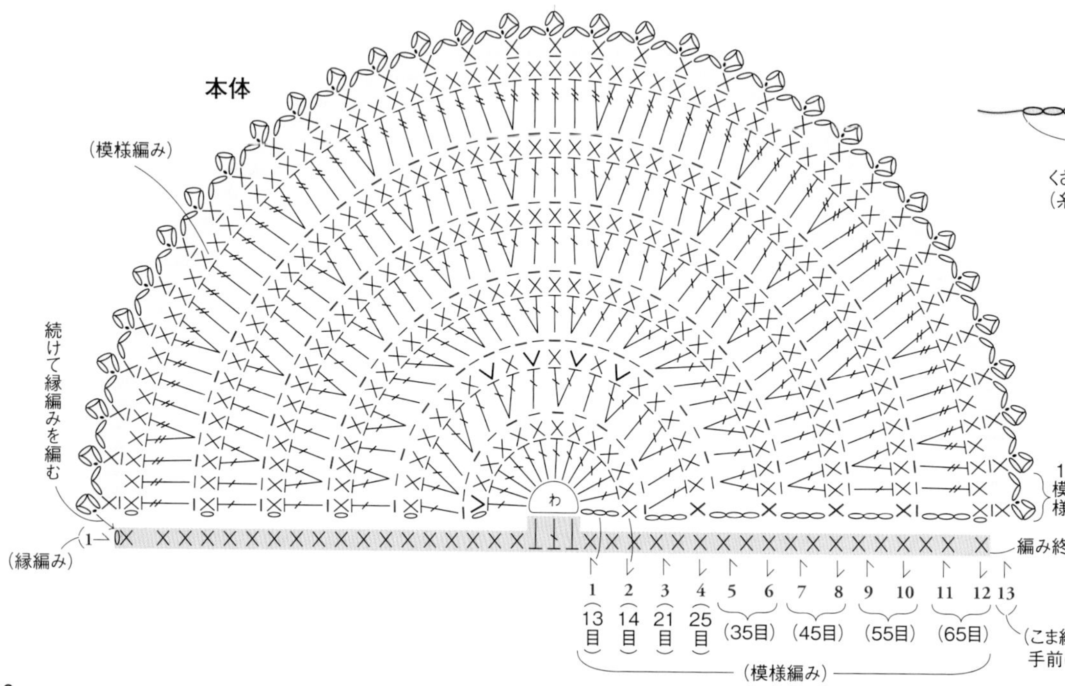

本体
(模様編み)
続けて縁編みを編む
わ
1模様
1→
(縁編み)
編み終わり
1 2 3 4 5 6 7 8 9 10 11 12 13
13目 14目 21目 25目 (35目) (45目) (55目) (65目)
(模様編み)
(こま編みは前段の手前の半目に編む)

ひも
(くさり編み)
7cm＝くさり編み15目作り目
(糸端10cmずつ残す)

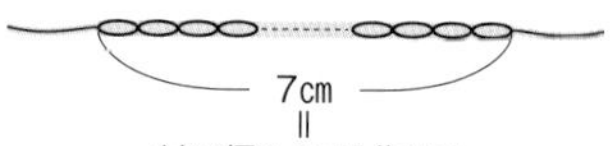

本体の飾り

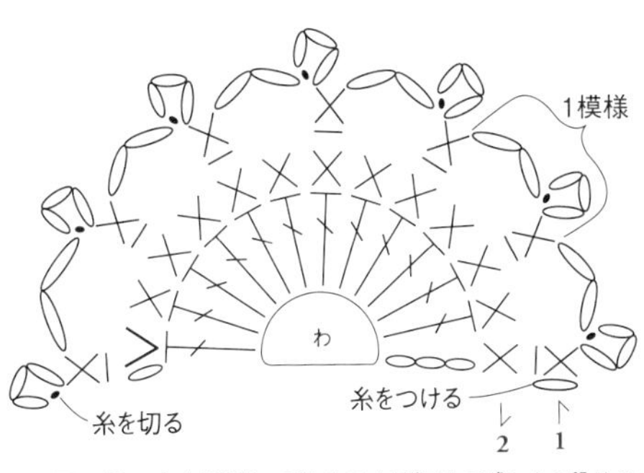
1模様
わ
糸をつける
糸を切る
2
1

※下の編み方を参照し、3段めのすじ編みで残した2段めの手前の半目に編む（4、6、8、10段めの飾りも同じ要領）

＝くさり編み

＝こま編み

＝中長編み

＝長編み

＝くさり編み3目のピコット

＝こま編み2目編み入れる

＝長編みのすじ編み

＝長々編みのすじ編み

＝長編みのすじ編み2目編み入れる

＝長々編みのすじ編み2目編み入れる

＝こま編みのすじ編み（この作品は手前の半目に編む）

※ ・ ・ ・ は飾りの編みつけ位置

本体の飾りの編み方

※作品Bの本体2段めで解説し、わかりやすいように糸の色をかえています。

1 右端のこま編みの頭の手前半目に針を入れ、糸をかけて引き出す。

2 立ち上がりのくさり編み1目を編み、1と同じところに針を入れ、こま編みを編む。

3 こま編みが編めた。

4 くさり編み3目のピコット、くさり編み2目を編んだら本体のこま編みを1目とばし、こま編みの頭の手前半目にこま編みを編む。

5 こま編みが編めた。

6 4～5をくり返し（最後は2目とばす）、くさり編み3目のピコットで編み終える。

ファスナーのつけ方

※洋裁用のまち針を用意します。

1 本体の縁編みとファスナーをまち針で留める。

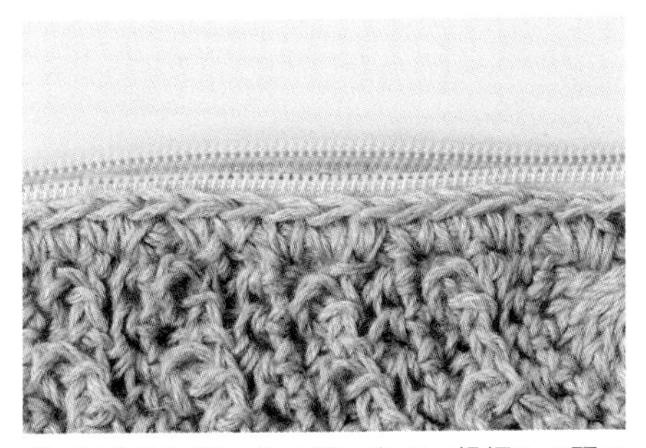

2 編み地に近い色の縫い糸で、縁編みの頭のすぐ下を返し縫いで縫いつける。

3 2を裏返し、表にひびかないようにしてファスナーの端をまつる。

【かぎ針編みの基礎知識】

編み目記号図

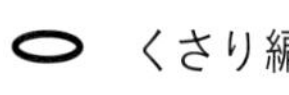

くさり編み

1

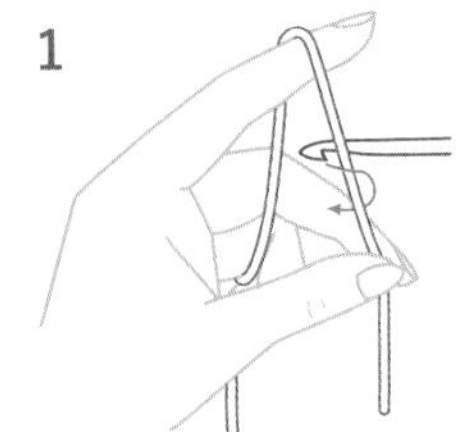

2

3

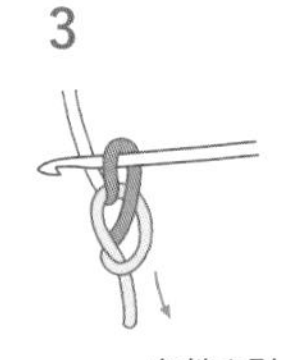

糸端を引いて
輪を引きしめる

4

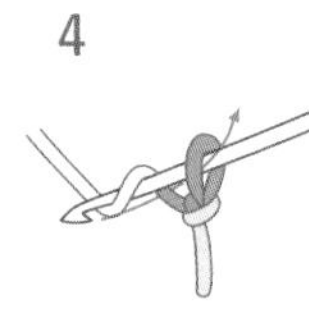

5

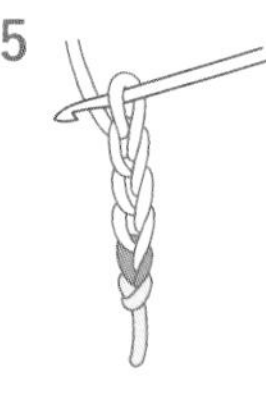

こま編み

1

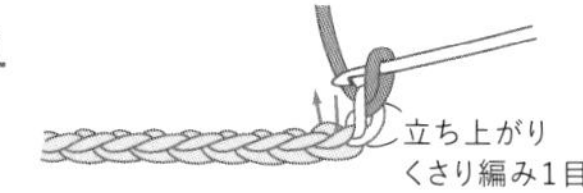
立ち上がり
くさり編み1目

くさり編み1目で立ち上がり、
作り目の1目めをすくう

2

針に糸をかけ、矢印の
ように引き出す

3

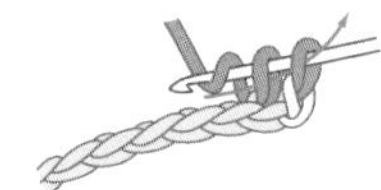

針に糸をかけ、針にかかって
いるループを一度に引き抜く

4

1目でき上がり。立ち上がりの
くさり編みは1目に数えない

5

1～3をくり返す

6

中長編み

1

立ち上がり
くさり編み2目

くさり編み2目で立ち上がる。
針に糸をかけ、作り目の2目めをすくう

2

針に糸をかけ、矢印のように
くさり2目分の高さまで引き出す

3

針に糸をかけ、針にかかって
いるループを一度に引き抜く

4

1目でき上がり。立ち上がり
のくさり編みを1目に数える

5

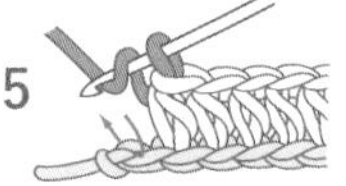

1～3をくり返す

6

長編み

1

立ち上がり
くさり編み3目

くさり編み3目で立ち上がる。針に
糸をかけ、作り目の2目めをすくう

2

針に糸をかけ、矢印のように1段の
高さの半分くらいまで引き出す

3

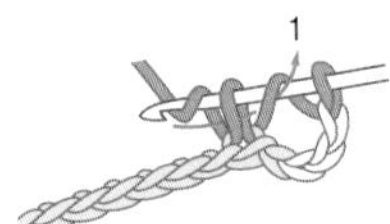
1

針に糸をかけ、1段の高さ
まで引き出す

4

2

針に糸をかけ、針にかかって
いるループを一度に引き抜く

5

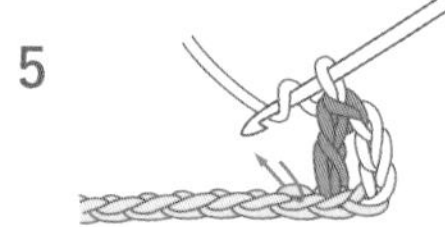

1目でき上がり。立ち上がり
のくさり編みを1目に数える

6

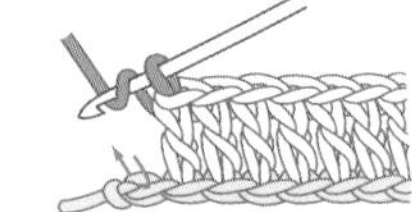

1～4をくり返す

長々編み

1

立ち上がり
くさり編み4目

くさり編み4目で立ち上がる。針に糸を
2回かけ、作り目の2目めをすくう

2

針に糸をかけ、矢印のように1段の
高さの1/3くらいまで引き出す

3

1

針に糸をかけ、2つのループを
引き抜く

4

2

針に糸をかけ、
2つのループを引き抜く

5

3

針に糸をかけて残りの2つの
ループを引き抜く

6

1～5をくり返す。立ち上がり
のくさり編みを1目に数える

引き抜き編み

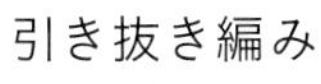

1

前段の目の頭だけすくう

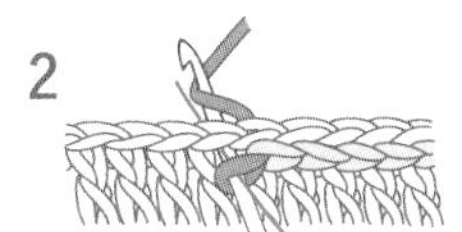

2

針に糸をかけ、一度に引き抜く

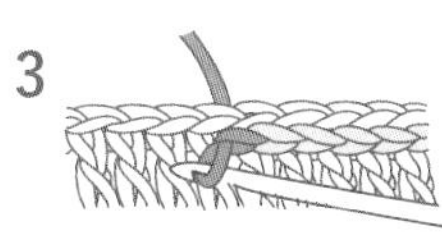

3

1、2をくり返し、編み目がつれない程度にゆるめに編む

こま編み
2目編み入れる

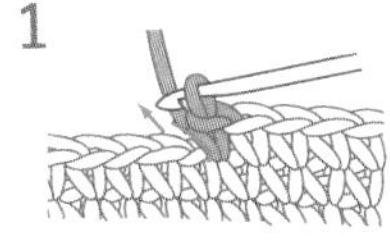

1

こま編みを1目編み、同じ目にもう一度編む

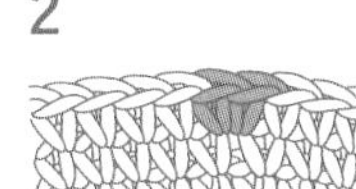

2

1目増える

こま編み
3目編み入れる

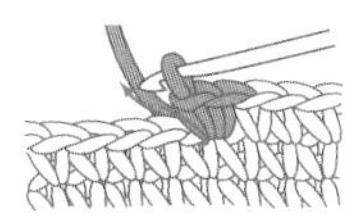

「こま編み2目編み入れる」の要領で同じ目に3目こま編みを編む

長編み
2目編み入れる

1

長編みを1目編み、同じ目にもう一度針を入れる

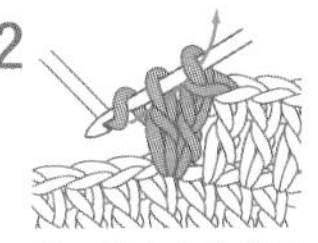

2

目の高さをそろえて長編みを編む

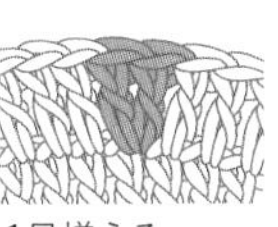

3

1目増える

長編み
3目編み入れる

「長編み2目編み入れる」の要領で2目を3目にかえて編む

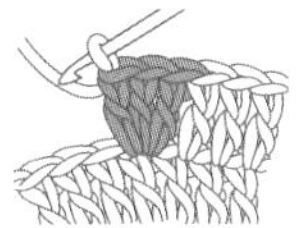

※目数が増えても、同じ要領で編む

こま編みの
すじ編み

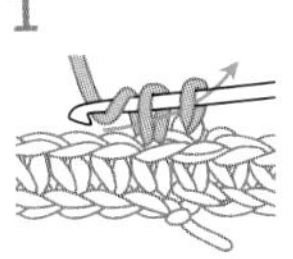

1

前段の目の向こう側をすくい、こま編みを編む

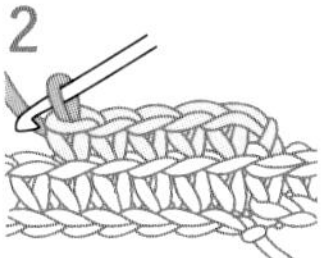

2

すじが立つように編む

「こま編み2目、こま編み3目編み入れる」の要領で向こう側の1本だけをすくい、同じ目に針を入れて編む

うね編み

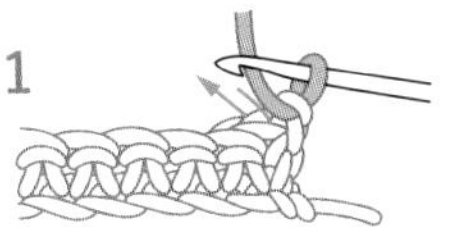

1

前段の頭のくさり目の向こう側の糸だけをすくう

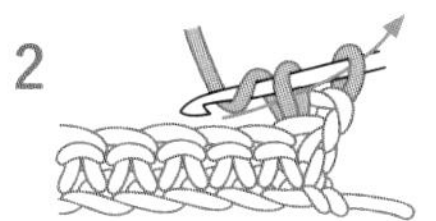

2

こま編みを編む

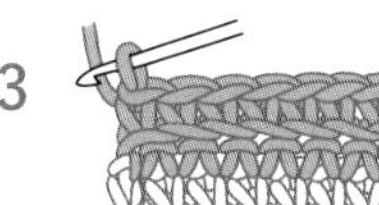

3

毎段向きをかえて往復編みで編む。2段で一つのうねができる

こま編み2目一度

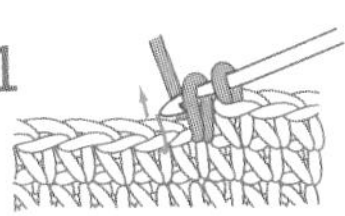

1

1目めの糸を引き出し、続けて次の目から糸を引き出す

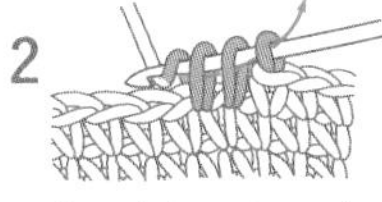

2

針に糸をかけ、一度に引き抜く

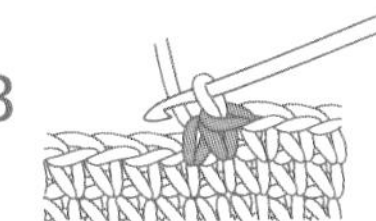

3

2目が1目になる

長編み2目一度

※目数が増えても､同じ要領で編む

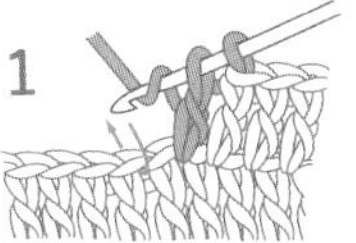

1

長編みの途中まで編み、次の目に針を入れて糸を引き出す

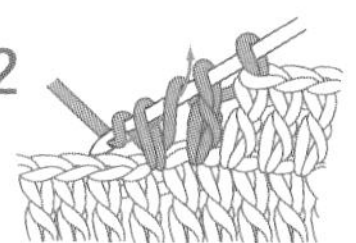

2

長編みの途中まで編む（未完成の長編み）

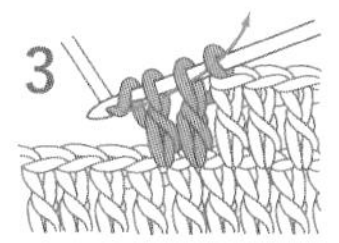

3

2目の高さをそろえ、一度に引き抜く

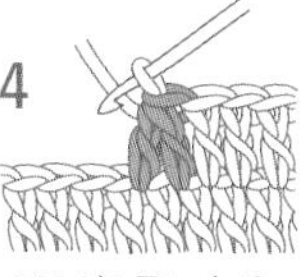

4

2目が1目になる

中長編み2目一度

「長編み2目一度」の要領で長編みを中長編みにかえて編む

※目数が増えても､同じ要領で編む

中長編み3目の
玉編み

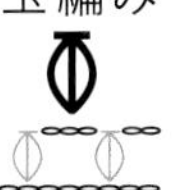

※目数が増えても､同じ要領で編む

1

針に糸をかけ、矢印のように針を入れ、糸を引き出す（未完成の中長編み）

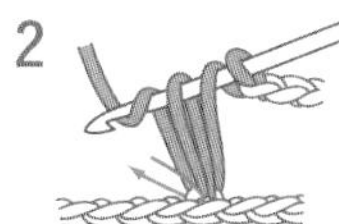

2

同じ目に未完成の中長編みを編む

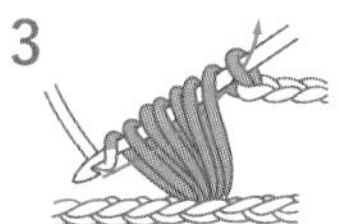

3

同じ目に未完成の中長編みをもう1目編み、3目の高さをそろえ、一度に引き抜く

4

長編み2目の玉編み

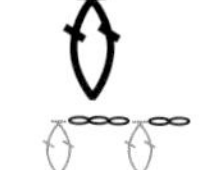

1

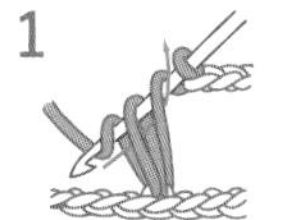

長編み途中まで編む
（未完成の長編み）

2

同じ目に未完成の
長編みを編む

3

2目の高さをそろえ、
一度に引き抜く

4

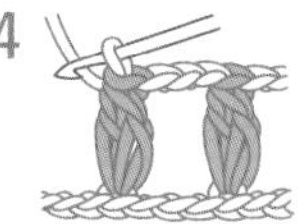

長編み3目の玉編み

1

長編みの途中まで編む
（未完成の長編み）

2

同じ目に未完成の長編み
を編む

3

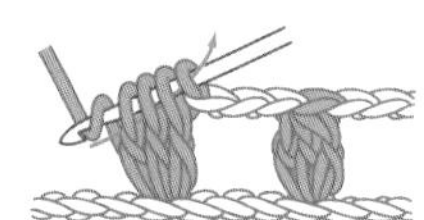

同じ目に未完成の長編みをもう1目編み、
3目の高さをそろえ、一度に引き抜く

中長編み3目の変形玉編み

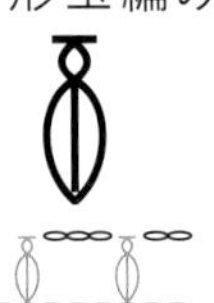

1

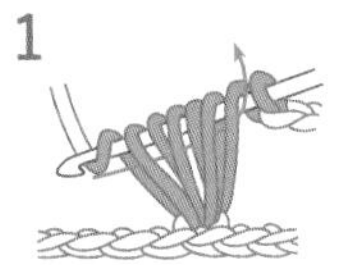

中長編み3目の玉編み
の要領で針に糸をかけ、
矢印のように引き抜く

2

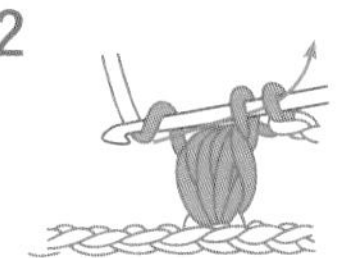

針に糸をかけ、2本の
ループを一度に引き抜く

3

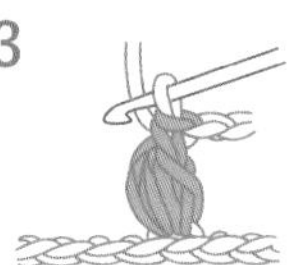

長編み5目のパプコーン編み

※目数が異なる場合も、同じ要領で編む

1

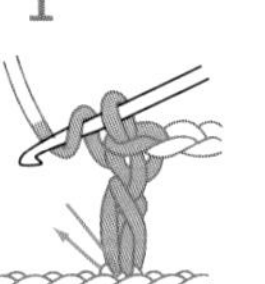

同じ目に長編みを
5目編み入れる

2

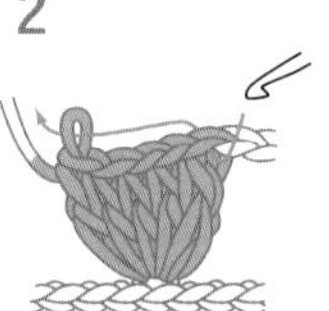

針を抜き、矢印のよう
に1目めから入れ直す

3

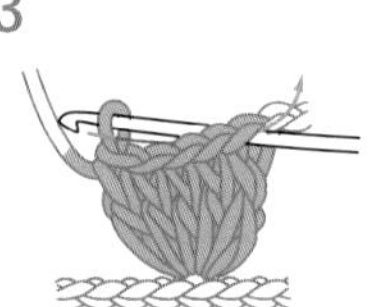

矢印のように目
を引き出す

4

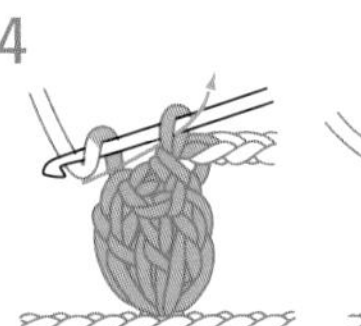
頭
くさり3目

針に糸をかけ、くさり編みの要領で
1目編む。この目が頭になる

バックこま編み

1

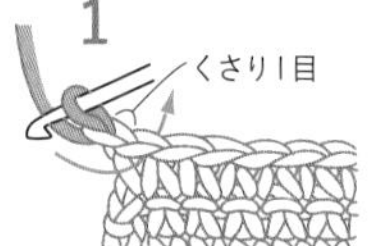
くさり1目

針を手前側から回して
矢印のようにすくう

2

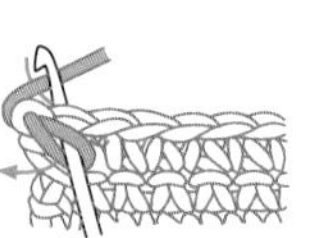

針に糸をかけて
矢印のように引き出す

3

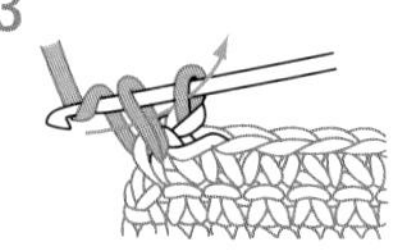

針に糸をかけ、
2つのループを引き抜く

4

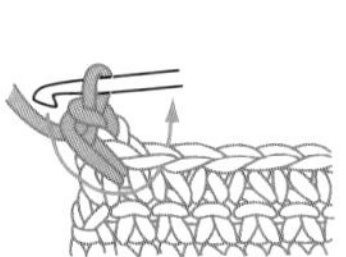

1〜3をくり返し、
左側から右側へ編み進む

5

長編み表引き上げ編み

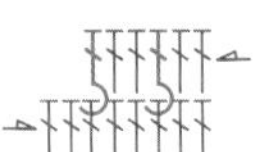

1

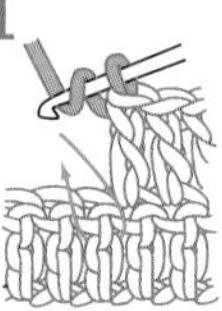

針に糸をかけ、
前段の足を矢印
のように表側か
らすくう

2

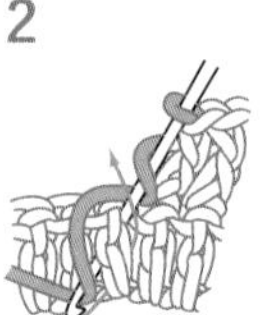

針に糸をかけ、
前段の目や隣の
目がつれないよう
に長めに糸を出す

3

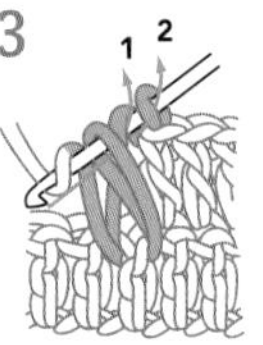
1 2

長編みと同じ
要領で編む

4

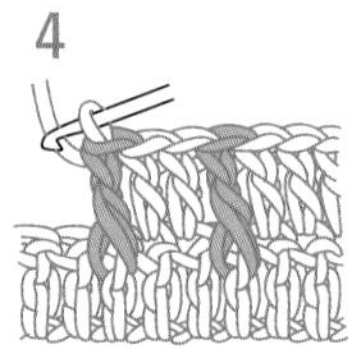

でき上がり

長々編み表引き上げ編み

「長編み表引き上げ編み」
の要領で長編みを長々編み
にかえて編む

くさり編み3目のピコット
（こま編みに編みつける場合）

1

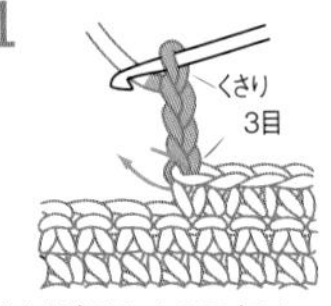
くさり
3目

くさり編みを3目編む。
矢印のようにこま編みの頭
半目と足の糸1本をすくう

2

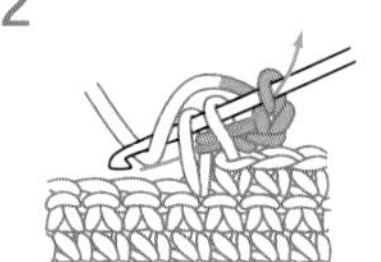

針に糸をかけ、全部の糸を
一度にきつめに引き抜く

3

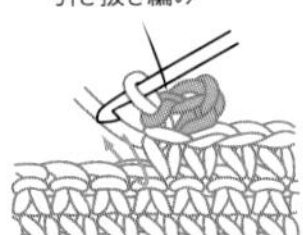
引き抜き編み

でき上がり。
次の目にこま編みを編む

円形の編み始め

糸端を輪にする作り目(2回巻き)

※糸端を輪にする作り目(1回巻き)はp.12参照

1
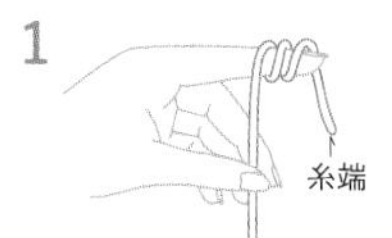
糸端
指に糸を2回巻きつけ、二重の輪を作る

2
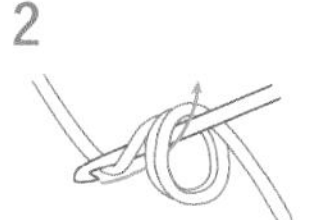
輪を指からはずし、矢印のように糸を引き出す

3
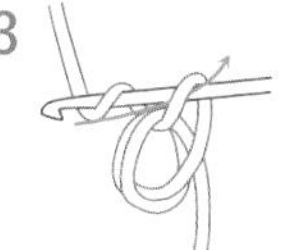
立ち上がりのくさり目を編む

4
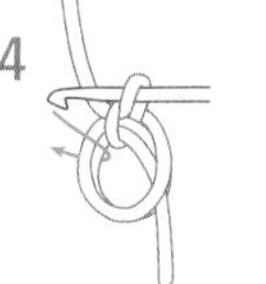
輪をすくって必要目数を編む

5

少し引く
糸端を少し引っ張る

6
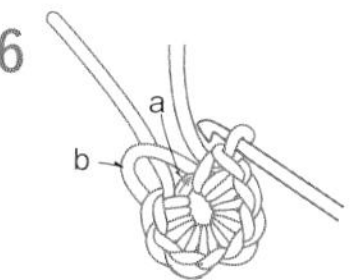
a
b
動いた糸(a)を矢印の方向に引く

7
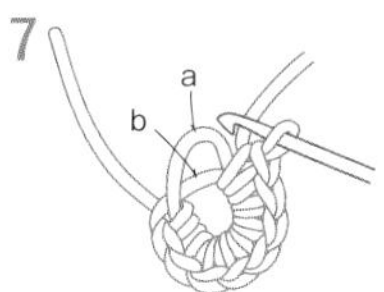
a
b
aの糸をしっかり引っ張り、bの糸を引きしめる

8
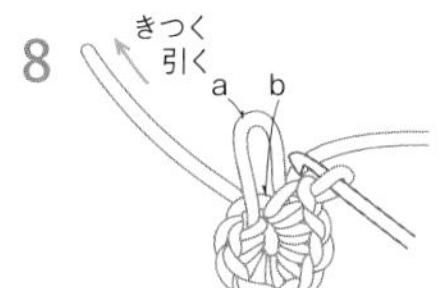
きつく引く
a
b
糸端を引いてaの糸を引きしめる

9
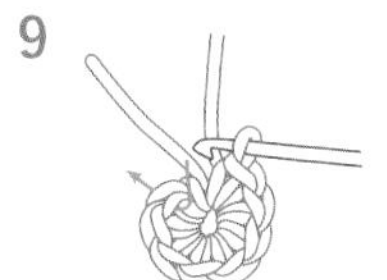
最初の目の頭をすくう

10
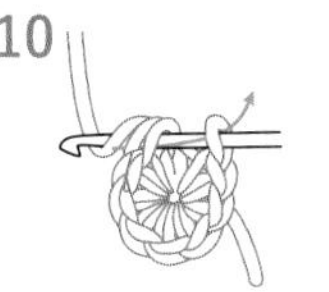
きつめに引き抜く

11

くさり編みを輪にする作り目

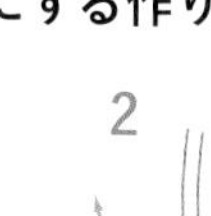

1
くさり編みを編む

端の目

2
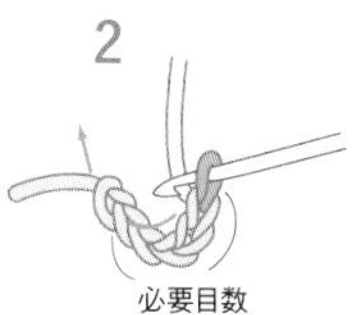
必要目数
必要目数のくさりを編む

3
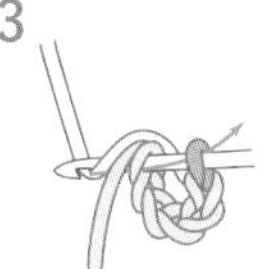
1目めに引き抜く

4
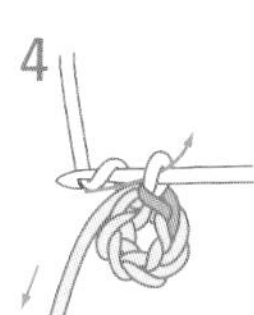
立ち上がりのくさりを編む

5
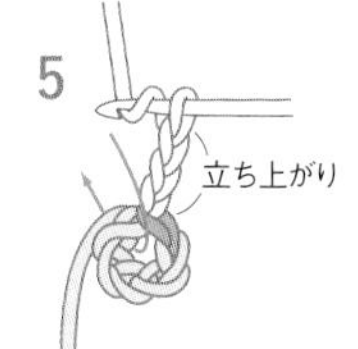
立ち上がり
続けて1段めを編む。端の糸も一緒にすくって編む

6
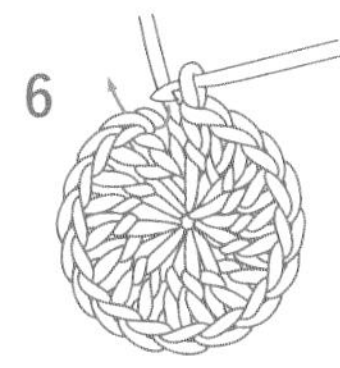
必要な目数が編めたら、1目め(ここでは立ち上がりの3目め)に引き抜き、輪にする

くさりはぎ

1
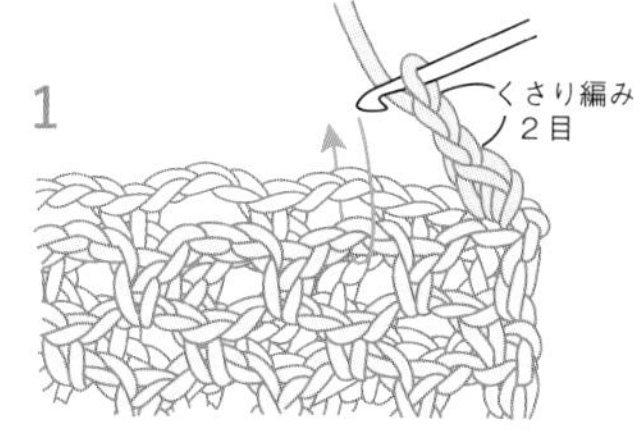
くさり編み
2目
編み地を中表に合わせ、くさり編み(目数は編み地によってかわる)を編み、2枚のループをすくってこま編みをきつめに編む

2
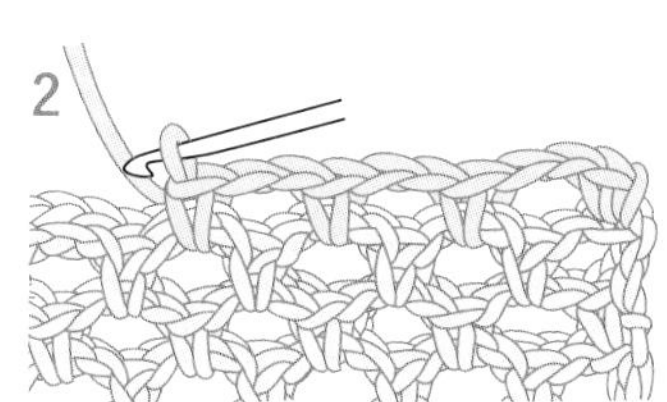
編み地がつれたり、ゆるみすぎないように編みつなぐ

糸の渡し方

1
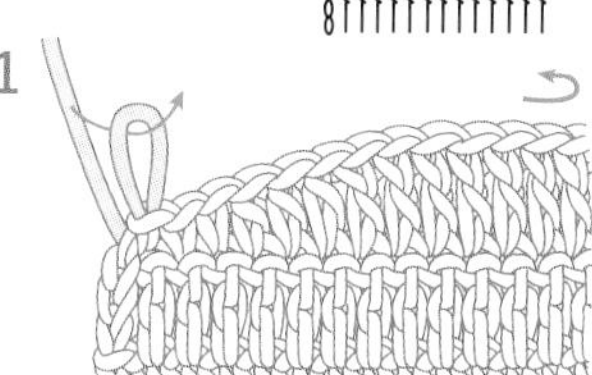
目を大きく広げ、編み糸を通す。編み地を裏返す

2
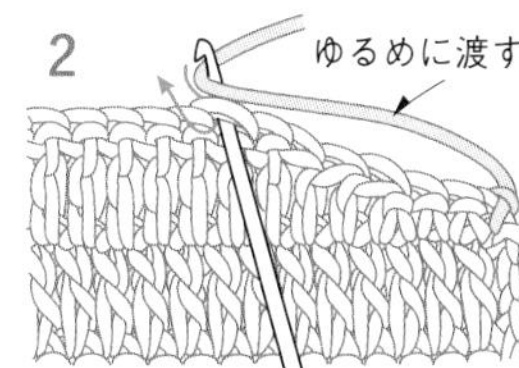
ゆるめに渡す
次の段を編む

全目の巻きかがり

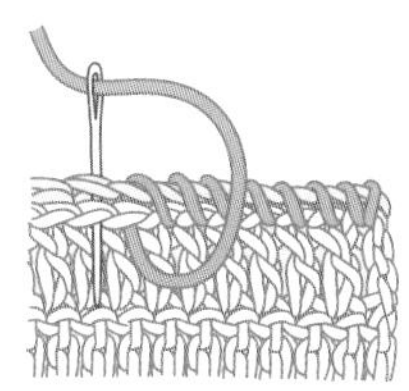
編み地を外表に合わせ、1目ずつ編み目の頭全部をすくって引きしめる

半目の巻きかがり

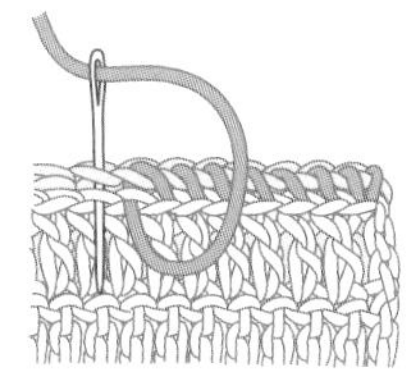
編み地を外表に合わせ、内側の半目ずつをすくって引きしめる

記号の見方

根元がついている場合

前段の目に針を入れて編む

根元が離れている場合

前段のくさり編みのループをすくって編む

Staff

デザイン／河合真弓　川路ゆみこ　サイチカ　柴田 淳　松本恵衣子

プロセス指導／河合真弓

撮影／三好宣弘(RELATION)

プロセス撮影／中辻 渉

ブックデザイン／堀江京子(netz)

スタイリング／絵内友美

ヘア＆メイク／AKI

モデル／松木育未

トレース／沼本康代　大楽里美

編集／岡野とよ子(リトルバード)

この本の作品はハマナカ手芸手あみ糸、ハマナカアミアミ手あみ針を使用しています。糸、材料についてのお問い合わせは下記へお願いします。

［ハマナカ株式会社　京都本社］
〒616-8585　京都市右京区花園薮ノ下町2番地の3
FAX.075-463-5159
E-mail／info@hamanaka.co.jp
コーポレートサイト／hamanaka.co.jp

※材料の表記は2021年4月現在です。
※印刷物のため、作品の色は実物とは多少異なる場合があります。
※本書に掲載されている作品・図版を商用利用（販売・展示）することは禁じられています。

撮影協力店

pas de calais Roppongi　TEL.03-6455-5570
(p.23のスカート／p.31のブラウス、ニットベスト／
p.34～36のワンピース、パンツ／p.44のワンピース)

キャン　カスタマーセンター　TEL.0120-112-961
Samansa Mos2（p.21のブラウス、ワンピース／p.24、29のワンピース／
p.39のリネンコート、パンツ）
Samansa Mos2 blue（p.6、47のサロペット、カットソー）
ルノンキュール（p.45のワンピース／p.46、53のサスペ付きパンツ、カットソー）

mb 株式会社ティアラ　TEL.042-538-3622
（p.26のワンピース／p.33のスカート／p.40のワンピース／p.42のワンピース）

AWABEES　TEL.03-5786-1600

はじめてでもかわいく作(つく)れる
かぎ針編(ばりあ)みのバッグと小物(こもの)

編　者　リトルバード
発行者　若松和紀
発行所　株式会社 西東社
〒113-0034　東京都文京区湯島2-3-13
https://www.seitosha.co.jp/
電話　03-5800-3120（代）
※本書に記載のない内容のご質問や著者等の連絡先につきましては、お答えできかねます。

ISBN 978-4-7916-3046-2